DIE VERKÜNDIGUNG BAHÁ'U'LLÁHS

DIE VERKÜNDIGUNG BAHÁ'U'LLÁHS

AN DIE KÖNIGE UND HERRSCHER DER WELT

DIE DEN VÖLKERN UND GESCHLECHTERN DER ERDE VORHERBESTIMMTE ZEIT IST NUN GEKOMMEN

BAHÁ'Í-VERLAG GMBH

ISBN 3 87037 091 2

Deutsch auf Grund der englischen Ausgabe
„The Proclamation of Bahá'u'lláh to the Kings and Leaders of the World",
Bahá'í World Centre, Haifa, Israel 1967

Unveränderter Nachdruck 1977 (134)

„Wir wünschen nur das Wohl der Welt und das Glück der Völker, dennoch hält man Uns für Anstifter von Streit und Aufruhr, die Gefangenschaft und Verbannung verdienen ... Wir wünschen, daß alle Völker in einem Glauben vereint und alle Menschen Brüder werden, daß das Band der Liebe und Einigkeit zwischen den Menschenkindern gestärkt werde, daß Religionsverschiedenheit zu einem Ende komme und die Unterschiede, welche zwischen den Rassen gemacht werden, aufhören — was ist nun Schlimmes hieran? ... Aber trotz all dem wird es dahin kommen: diese fruchtlosen Kämpfe, diese zerstörenden Kriege werden beendet werden, und der ‚Größte Friede' wird kommen ... Aber dennoch sehen Wir eure Könige und Regenten die Schätze ihrer Länder mehr auf die Zerstörung der menschlichen Rasse verwenden als darauf, was zum Glück der Menschheit führen würde ... Diese Kämpfe, dieses Blutvergießen und diese Zwietracht müssen aufhören, alle Menschen müssen sein, als ob sie einem Geschlecht und einer Familie angehörten ... Es rühme sich kein Mensch dessen, daß er sein Land liebt, sondern eher dessen, daß er das ganze Menschengeschlecht liebt ...“

INHALT

EINLEITUNG

Bahá'u'lláh, der Begründer des Bahá'í-Glaubens, verkündete vor einhundert Jahren den Königen und Herrschern der Welt, den religiösen Führern und der gesamten Menschheit in klarer und unmißverständlicher Sprache, daß das seit langem verheißene Zeitalter des Weltfriedens und der Brüderschaft endlich erschienen und Er selbst der Träger der neuen Botschaft und Kraft Gottes sei, die das heute vorherrschende System voll Streit und Feindschaft unter den Menschen umwandeln und den Geist und die Form der vorherbestimmten Weltordnung schaffen werden.

Glanz und Pracht kennzeichneten damals die gewaltige Macht, die die Herrscher, im allgemeinen in autokratischer Weise, über den größten Teil der Erde ausübten. Bahá'u'lláh, aus Seinem Geburtsland Persien wegen Seiner religiösen Lehren verbannt, war der Gefangene des tyrannischen und mächtigen Sultans des Ottomanischen Reiches. In dieser Lage wandte Er sich an die Herrscher der Welt. Obgleich Seine Tablets an einzelne Könige und den Papst übergeben wurden, sind sie entweder absichtlich übersehen oder zurückgewiesen worden, ihr weiser Rat und ihre unheilverkündenden Warnungen blieben unbeachtet, und in einem Falle wurde sogar der Überbringer grausam gefoltert und getötet.

Nachdem Bahá'u'lláh diese alte Welt geprüft hatte und zu der Erkenntnis gekommen war, daß sie „der Gnade solcher Herrscher ausgeliefert (war), die, von Hochmut trunken, ihren eigenen wirklichen Vorteil nicht mehr deutlich wahrnehmen können", erklärte Er: „Der Hader, der die menschliche Rasse zerspaltet und peinigt, nimmt täglich zu. Die Zeichen drohender Schwäche und des nahen Chaos sind heute zu erkennen, da die bestehende Ordnung bejammernswert unvollkommen erscheint." Obgleich Er in düsteren Farben diese „göttliche Züchtigung" malte, welche über die meisten jener Herrscher kommen und die Völker der Welt zerstörerisch überwältigen würde, hat Bahá'u'lláh doch keinen Zweifel an dem Ergebnis gelassen. „Bald", so erklärte Er, „wird die heutige Ordnung aufgerollt und eine neue an ihrer Statt entfaltet werden". Seit dem Heimgang Bahá'u'lláhs im Heiligen Land im Jahre 1892 ist das „Aufrollen" der alten Ordnung eine tägliche Erfahrungstatsache der Menschheit geworden, und kein Ende ist in diesem Vorgang abzusehen.

Der Kern der Weltordnung Bahá'u'lláhs ist die Einheit der menschlichen Rasse. „O ihr Menschenkinder!", schreibt Er. „Die grundlegende Absicht, die den Glauben Gottes und Seine Religion beseelt, ist, die Belange der menschlichen Rasse zu schützen und ihre Einheit zu fördern..." Und Er warnt: „Das Wohlergehen der Menschheit, ihr Friede und ihre Sicherheit sind unerreichbar, sofern nicht und ehe nicht ihre Einheit fest begründet ist." Diese Einheit zu verwirklichen ist Bahá'u'lláhs ausdrückliche Aufgabe und das Ziel aller Bahá'í-Tätigkeit. Ihre Umrisse und ihr Aufbau sind in den folgenden Auszügen aus den Schriften Shoghi Effendis, des Urenkels von Bahá'u'lláh und Hüters des Bahá'í-Glaubens, aufgezeigt:

„Die Einheit des Menschengeschlechts, wie sie Bahá'u'lláh vorausschaut, umschließt die Begründung eines Weltgemeinwesens, in welchem alle Nationen, Rassen, Glaubensbekenntnisse und Klassen eng und dauerhaft vereint, die Selbständigkeit ihrer Staatsglieder und die persönliche Freiheit und Tatbereitschaft der Einzelwesen, die sie bilden, endgültig und vollständig gesichert sind. Dieses Gemeinwesen muß, so weit wir es uns vorstellen können, aus einer Weltlegislative bestehen, deren Mitglieder als die Bevollmächtigten der ganzen Menschheit die gesamten Hilfsquellen aller sie zusammensetzenden Nationen beaufsichtigen. Es müssen Gesetze erlassen werden, die geeignet sind, das Leben in geregelte Bahnen zu leiten, alle Nöte zu befriedigen und die Beziehungen sämtlicher Rassen und Völker zu ordnen. Eine Weltexekutive, gestützt auf eine internationale Polizeitruppe, wird die Beschlüsse der Weltlegislative ausführen, die erlassenen Gesetze anwenden und die organische Einheit des ganzen Gemeinwesens schützen. Ein Weltschiedsgerichtshof wird seine bindende und endgültige Entscheidung in sämtlichen Streitfragen erlassen und abgeben, die zwischen den verschiedenen Gliedern dieses allumfassenden Systems entstehen. Das Netzwerk eines alle verbindenden Weltverkehrssystems wird ersonnen werden, das den ganzen Erdball umspannt und, befreit von allen nationalen Hindernissen und Beschränkungen, mit wunderbarer Schnelligkeit und absoluter Pünktlichkeit abläuft. Eine Welthauptstadt wird als Nervenzentrum einer Weltzivilisation und als Brennpunkt wirken, in dem die einigenden Lebenskräfte zusammenlaufen und von dem ihre kraftbringenden Einflüsse ausstrahlen werden. Eine Welthilfssprache wird entweder geschaffen oder unter den bestehenden Sprachen ausgewählt und in den Schulen aller verbündeten Nationen als ein Hilfsmittel neben der jeweiligen Muttersprache gelehrt werden. Eine Weltschrift, eine Weltliteratur, ein einheitliches und allumfassendes Währungs-, Gewichts- und Maßsystem werden den Verkehr und die Verständigung unter den Nationen und Rassen der Menschheit vereinfachen und erleichtern. In dieser Weltgemeinschaft werden Wissenschaft und

Religion, die beiden gewaltigsten Kräfte im menschlichen Leben, in Einklang gebracht, zusammenwirken und sich harmonisch entwickeln. Die Presse wird in einem solchen System, in dem sie der Darlegung der verschiedenen Ansichten und Überzeugungen der Menschheit vollen Spielraum gewährt, nicht mehr durch althergebrachte Interessen, seien sie persönlicher oder allgemeiner Natur, unheilvoll gelenkt werden, und sie wird vom Einfluß streitender Regierungen und Völker befreit werden. Die wirtschaftlichen Hilfsmittel der Welt werden organisiert, ihre Rohstoffquellen erschlossen und restlos nutzbar gemacht, ihre Märkte aufeinander abgestimmt und entwickelt und die Verteilung ihrer Erzeugnisse unparteiisch geregelt werden.

Nationale Rivalität, Haß und Machenschaften werden aufhören, und Feindseligkeiten und Vorurteile der Rassen werden durch Freundschaft, Verständigung und Zusammenarbeit ersetzt werden. Die Ursachen religiöser Zwistigkeiten werden für immer aus dem Weg geräumt werden; wirtschaftliche Schranken und Hindernisse werden völlig beseitigt und der maßlose Klassenunterschied verwischt werden. Mangel auf der einen Seite und unmäßige Besitzanhäufung auf der anderen Seite werden verschwinden. Die ungeheuren Kräfte, die für den Krieg, wirtschaftlicher oder politischer Art, verzettelt und vergeudet werden, sollen solchen Zwecken zugeführt werden, die den Bereich der menschlichen Erfindungen und der technischen Entwicklung erweitern, der Steigerung der Produktionskraft, der Beseitigung von Krankheiten, der Ausdehnung wissenschaftlicher Forschungen, der Hebung des körperlichen Gesundheitszustands, der Belebung und Verfeinerung des menschlichen Verstandes, der Ausbeutung ungenutzter und ungeahnter Hilfsquellen dieser Erde, der Verlängerung des menschlichen Lebens und der Förderung aller jener Tätigkeiten dienen, die das verstandesmäßige, sittliche und geistige Leben des ganzen Menschengeschlechtes anzuregen vermögen.

Ein Weltbundsystem, das die ganze Erde beherrscht und eine unanfechtbare Befugnis über ihre unvorstellbar großen Hilfsquellen hat, das die Ideale sowohl des Ostens wie auch des Westens verkörpert und in Einklang bringt, vom Fluch des Krieges und des mit ihm verbundenen Elends befreit ist und sich auf die Ausnützung aller verfügbaren Kraftquellen auf der Erdoberfläche erstreckt, ein System, in dem die Stärke zur Dienerin der Gerechtigkeit gemacht ist, dessen Dasein durch seine allumfassende Anerkennung eines Gottes und durch seinen Gehorsam gegen eine gemeinsame Offenbarung getragen wird – dies ist das Ziel, dem die Menschheit, durch die vereinenden Lebenskräfte angetrieben, zustrebt."

Bahá'u'lláhs Botschaft ist eine Botschaft der Hoffnung, der Liebe und der praktischen Erneuerung. Heute ernten wir die erschreckenden Ergebnisse der Zurückweisung Seines göttlichen Rufes durch unsere Vorfahren. Doch gibt es heute andere Herrscher und Menschen, die vielleicht hören und die Schwere der drohenden Katastrophe aufheben oder mildern können. Aus dieser Hoffnung und aus dem Gefühl einer heiligen Verpflichtung heraus verkündet das Universale Haus der Gerechtigkeit, die international leitende Körperschaft des Bahá'í-Glaubens, mit der Veröffentlichung dieser ausgewählten Texte erneut den Geist dieses mächtigen Rufes von vor einhundert Jahren. Mit derselben Hoffnung und Überzeugung werden die Bahá'í in der ganzen Welt während dieser Periode der Jahrhundertfeier ihr Äußerstes tun, um die erlösende Tatsache dieser erneuten Ausgießung göttlicher Führung und Liebe dem Bewußtsein ihrer Mitmenschen nahezubringen. Wir sind überzeugt, daß ihre Mühe nicht vergeblich sein wird.

Haifa, Israel, 1967

AUFRUFE AN DIE KÖNIGE UND HERRSCHER DER WELT

AUFRUFE AN DIE KÖNIGE UND HERRSCHER DER WELT IN IHRER GESAMTHEIT

O Könige der Erde! Er, der höchste Herr über alle, ist gekommen. Das Reich ist Gottes, des allmächtigen Beschützers, des Selbstbestehenden. Betet niemanden an außer Gott und erhebt euer Angesicht mit strahlendem Herzen zu eurem Herrn, dem Herrn aller Namen. Dies ist eine Offenbarung, welcher nichts, was immer ihr besitzt, gleichgestellt werden kann – könntet ihr es doch erkennen! Wir sehen, daß ihr euch über das freut, was ihr von anderen angesammelt habt, und daß ihr euch ausschließt von den Welten, die nichts außer Meinem Verwahrten Tablet ermessen kann. Die Schätze, die ihr gesammelt habt, lenken euch weit ab von eurem letzten Ziel. Dies ziemt euch schlecht – o könntet ihr das doch verstehen! Reinigt eure Herzen von allen irdischen Verunreinigungen und eilt, einzutreten in das Königreich eures Herrn, des Schöpfers von Erde und Himmel, der die Welt erzittern und alle ihre Völker wehklagen ließ, ausgenommen jene, die auf alle Dinge verzichtet haben und sich an dem festhielten, was im Verborgenen Tablet verordnet wurde ...

O Könige der Erde! Das Größte Gesetz ist an diesem Ort geoffenbart worden, auf diesem Schauplatz höchsten Glanzes. Alles Verborgene ist ans Licht gebracht worden kraft des Willens des Höchsten Gesetzgebers, Dessen, der die letzte Stunde angekündigt hat, durch welchen der Mond gespalten und jeder unwiderrufliche Befehl gedeutet worden ist.

Ihr seid nur Vasallen, o Könige der Erde! Er, der König der Könige, ist im Gewande Seiner wunderbarsten Herrlichkeit erschienen und lädt euch vor sich, den Helfer in der Gefahr, den Selbstbestehenden. Hütet euch, daß euch nicht der Hochmut davon abhalte, den Quell der Offenbarung zu erkennen, daß die Dinge dieser Welt euch nicht wie mit einem Schleier von Ihm, dem Schöpfer des Himmels, ausschließen. Erhebt euch und dient Ihm, der Sehnsucht aller

Völker, der euch durch ein Wort erschuf und verordnete, daß ihr für alle Zeiten die Wahrzeichen Seiner Herrschaft sein sollt.

Bei der Gerechtigkeit Gottes! Es ist nicht Unser Wunsch, Hand an eure Königreiche zu legen. Unsere Bestimmung ist, die Herzen der Menschen zu ergreifen und zu besitzen. Auf sie sind die Augen Bahás gerichtet. Dies bezeugt das Königreich der Namen – könntet ihr es doch verstehen! Wer seinem Herrn nachfolgt, wird der Welt und allem, was darinnen ist, entsagen. Wieviel größer muß dann die Loslösung Dessen sein, der eine so erhabene Stufe innehat! Verlaßt eure Paläste und eilt, Einlaß in Sein Königreich zu gewinnen. Dies wird euch in dieser und in der nächsten Welt von Nutzen sein. Das bezeugt der Herr des Reiches in der Höhe – würdet ihr es doch erkennen!

Wie groß ist die Glückseligkeit, die den König erwartet, der sich erheben wird, Meiner Sache in Meinem Königreich zu helfen, und der sich von allem außer Mir loslösen wird! Solch ein König wird zu den Gefährten der Roten Arche gezählt, der Arche, die Gott dem Volk von Bahá bereitet hat. Alle müssen seinen Namen verherrlichen, seine Stufe ehren und ihm helfen, die Städte aufzuschließen mit den Schlüsseln Meines Namens, der allmächtige Beschützer aller, die die sichtbaren und unsichtbaren Reiche bewohnen. Solch ein König ist das wahre Auge der Menschheit, der leuchtende Schmuck auf der Stirn der Schöpfung, der Urquell von Segnungen für die ganze Welt. O Volk von Bahá, opfere deinen Besitz, ja selbst dein Leben, um ihm beizustehen.

Wir haben nichts von euch erbeten. Wahrlich, um der Sache Gottes willen ermahnen Wir euch und werden Wir Uns gedulden, wie Wir es in dem taten, was Uns in euren Händen, o Schar der Könige, befallen hat!

O Könige der Erde! Hört auf die Stimme Gottes, die von diesem erhabenen, früchtebeladenen Baume aus ruft, der den Karminroten Hügeln auf der heiligen Ebene entsprossen ist, und die die Worte anstimmt: ‚Es gibt keinen Gott außer Ihm, dem Mächtigen, dem Allvermögenden, dem Allweisen' ... Fürchtet Gott, o ihr Könige, und laßt euch diese erhabenste Gnade nicht entgehen. So werft denn euren Besitz hinweg und klammert euch an den Halt Gottes, des Erhabenen, des Großen. Wendet eure Herzen dem Antlitz Gottes zu, gebt auf, wonach euch eure Wünsche trachten ließen, und seid nicht bei denen, die zugrunde gehen. O Diener, berichtet ihnen die Geschichte 'Alís (des Báb), wie Er zu ihnen kam mit der Wahrheit, mit Seinem herrlichen und gewichtigen Buch, in Seinen Händen ein Zeugnis und einen Beweis von Gott und mit heiligen und gesegneten Zeichen von Ihm. Ihr jedoch, o Könige, habt versäumt, auf die Erwähnung Gottes in Seinen Tagen zu achten und euch von den Lichtern führen zu lassen, die aufgingen und aufleuchteten über dem Horizonte eines strahlenden Himmels. Ihr erforschtet nicht Seine Sache, wo dies zu tun doch besser für euch gewesen wäre als alles, was die Sonne bescheint — o könntet ihr es doch verstehen! Ihr bliebt unachtsam, bis die Geistlichen Persiens, diese Grausamen, das Urteil über Ihn fällten und Ihn zu Unrecht töteten. Sein Geist stieg zu Gott empor, und die Augen der Bewohner des Paradieses und die Engel, die Ihm nahe sind, weinten schmerzlich über diese Grausamkeit. Hütet euch, weiterhin so nachlässig zu sein, wie ihr es ehedem wart. So kehrt denn zu Gott, eurem Schöpfer, zurück und gesellt euch nicht zu den Achtlosen ... Mein Antlitz kam aus den Schleiern hervor und goß seine Strahlen auf alles, was im Himmel und auf Erden ist. Dennoch habt ihr euch Ihm nicht zugewandt, obwohl ihr für Ihn geschaffen seid, o ihr Könige! Befolgt daher, was Ich euch sage, hört darauf mit euren Herzen und gehört nicht zu denen, die sich abgewandt haben. Denn euer Ruhm besteht nicht in eurer Herrschaft, sondern vielmehr in eurer Nähe zu Gott und im Befolgen Seines Gebotes, wie es in Seinen heiligen und verwahrten Tablets herniedergesandt wurde. Sollte einer von euch über die ganze Erde herrschen und über alles, was darinnen und darauf besteht, ihre Meere, ihre Länder, ihre Berge und ihre Ebenen, und doch nicht von Gott erwähnt werden, so würde ihm all dies nichts nützen – o könntet ihr es doch erkennen! ... So erhebt euch denn, seid standhaft, macht wieder gut, was euch entgangen ist, und geht Seinem heiligen Hofe, am Strande Seines mächtigen Ozeans, entgegen, auf daß die Perlen der Erkenntnis und Weisheit, die Gott für euch in der Hülle Seines strahlenden Herzens aufgespeichert hat, euch offenbart werden mögen ... Hütet euch, daß ihr den Odem Gottes nicht hindert, über eure Herzen zu wehen, den Odem, durch welchen die Herzen derer, die sich Ihm zugewandt haben, belebt werden können ...

Hütet euch, ungerecht zu handeln an jemandem, der euch anruft und unter eurem Schutze steht. Wandelt in der Furcht Gottes und seid unter denen, die ein gottgefälliges Leben führen. Verlaßt euch nicht auf eure Macht, eure Waffen und Schätze. Setzt euer ganzes Vertrauen und eure Zuversicht in Gott, der euch erschaffen hat, sucht Seine Hilfe in allen euren Angelegenheiten. Beistand kommt von Ihm allein. Er hilft, wem Er will, mit den Heerscharen der Himmel und der Erde.

Wißt, daß die Armen das Pfand Gottes in eurer Mitte sind. Seid achtsam, daß ihr Sein Pfand nicht veruntreut, daß ihr nicht ungerecht an ihnen handelt und daß ihr nicht auf den Wegen der Verräter wandelt. Ihr werdet ganz sicherlich zur Rechenschaft über Sein Pfand gerufen werden an dem Tage, da die Waage der Gerechtigkeit aufgestellt ist, an dem Tage, da jedermann das Seinige zugeteilt wird, da die Taten aller Menschen, ob reich oder arm, gewogen werden.

Wenn ihr den Ratschlägen, die Wir in unvergleichlicher und unzweideutiger Sprache in diesem Tablet geoffenbart haben, keine Beachtung schenkt, dann wird von allen Seiten göttliche Züchtigung über euch kommen, und der Urteilsspruch Seiner Gerechtigkeit wird gegen euch verkündet werden. An jenem Tage werdet ihr keine Macht haben, Ihm zu widerstehen, und ihr werdet eure eigene Ohnmacht erkennen. Habt Erbarmen mit euch selbst und mit denen, die euch unterstellt sind, und richtet sie nach den von Gott in Seinem heiligsten und erhabenen Tablet verordneten Geboten, einem Tablet, in dem Er allem und jedem Sein das festgesetzte Maß zugewiesen hat, in dem Er deutlich eine Erklärung aller Dinge gegeben hat, die in sich selbst schon eine Ermahnung ist an alle, die an Ihn glauben.

Prüft Unsere Sache, erforscht die Dinge, die Uns befallen haben, entscheidet gerecht zwischen Uns und Unseren Feinden und gesellt euch zu jenen, die ihren Nächsten unparteiisch behandeln. Wenn ihr dem Unterdrücker nicht in den Arm fallt, wenn ihr versäumt, die Rechte der Niedergetretenen zu schützen, welches Recht habt ihr dann, euch unter den Menschen zu rühmen? Worauf könnt ihr mit Recht stolz sein? Ist es euer Essen und Trinken, auf das ihr stolz seid, sind es die Reichtümer, die in euren Schatzkammern lagern, die Buntheit und der Wert des Schmuckes, mit dem ihr euch bedeckt? Wenn wahrer Ruhm im Besitz solch vergänglicher Dinge bestünde, dann müßte notwendigerweise die Erde, auf der ihr wandelt, sich vor euch rühmen, denn sie versorgt und beschenkt euch nach dem Ratschluß des Allmächtigen gerade mit diesen Dingen. In ihrem Innern ist alles, was ihr besitzt, enthalten, so wie Gott es verordnet hat. Von ihr leitet ihr eure Reichtümer als ein Zeichen Seiner

Gnade her. So schaut denn euren Zustand, dessen ihr euch so rühmt. Könntet ihr ihn doch erkennen! Nein, bei Ihm, der das Königreich der ganzen Schöpfung in Seiner Gewalt hält! Euer wahrer und dauernder Ruhm liegt nur in eurem Festhalten an den Geboten Gottes, im Befolgen Seiner Gesetze aus ganzem Herzen, in eurem Entschluß, sie erfüllt zu sehen und unbeirrt den rechten Weg zu wandeln . . .

Zwanzig Jahre sind verronnen, o Könige, während derer Wir jeden Tag die herben Qualen einer neuen Trübsal empfunden haben. Keiner vor Uns hat das erduldet, was Wir erduldet haben. Könntet ihr es doch fassen! Die sich gegen Uns erhoben, haben Uns hingerichtet, Unser Blut vergossen, Unseren Besitz geplündert und Unsere Ehre verletzt. Obwohl der meisten Unserer Leiden gewahr, habt ihr es dennoch unterlassen, dem Angreifer in den Arm zu fallen. Ist es denn nicht eure klare Pflicht, der Tyrannei des Unterdrückers Einhalt zu gebieten und eure Untertanen unparteiisch zu behandeln, auf daß euer hoher Gerechtigkeitssinn der ganzen Menschheit voll bewiesen werde?

Gott hat euren Händen die Zügel der Regierung des Volkes übergeben, daß ihr in Gerechtigkeit über die Menschen herrschen, die Rechte der Niedergetretenen schützen und die Übeltäter strafen möget. Wenn ihr die Pflicht vernachlässigt, die Gott euch in Seinem Buche vorgeschrieben hat, so werden eure Namen in Seinen Augen zu denen der Ungerechten gezählt werden. Schmerzlich, in der Tat, wird euer Irrtum für euch sein. Wollt ihr euch an das hängen, was euch eure Einbildung vorgespiegelt hat, und die Gebote Gottes, des Erhabensten, des Unerreichbaren, des Allbezwingers, des Allmächtigen, verwerfen? Werft die Dinge, die ihr besitzt, hinweg und haltet euch an das, was Gott euch zu tun geboten hat. Sucht Seine Gnade, denn wer sie sucht, der wandelt auf Seinem geraden Pfad . . .

Der Tag naht heran, da Gott Seine Sache erhöht und Sein Zeugnis verherrlicht haben wird vor den Augen aller, die in den Himmeln und auf Erden sind. Setze dein ganzes Vertrauen in allen Lebenslagen auf deinen Herrn, richte deinen Blick auf Ihn und wende dich ab von all denen, die Seine Wahrheit verschmähen. Lasse Gott, deinen Herrn, dir als Beistand und Helfer genügen. Wir haben gelobt, deinen Triumph auf Erden zu sichern und Unsere Sache über alle Menschen zu erheben, auch wenn kein König zu finden wäre, der dir seinen Blick zuwendete ...

O Könige der Erde! Wir sehen euch jedes Jahr eure Ausgaben vermehren und deren Lasten euren Untertanen aufbürden. Das ist, wahrlich, höchst ungerecht. Fürchtet die Seufzer und Tränen dieses Unterdrückten und ladet nicht übermäßige Lasten auf eure Völker. Beraubt sie nicht, um für euch selbst Paläste zu errichten. Nein, wählt vielmehr für sie das, was ihr für euch selbst wählt. So entrollen Wir vor euren Augen das, was euch nützt – würdet ihr es doch erkennen! Eure Völker sind eure Schätze. Hütet euch, durch eure Herrschaft die Gebote Gottes zu verletzen und eure Mündel den Händen der Räuber auszuliefern! Durch sie herrscht ihr, durch sie besteht ihr, mit ihrer Hilfe siegt ihr. Und doch, wie verächtlich schaut ihr auf sie herab! Wie seltsam, wie höchst seltsam!

Nun, da ihr den Größten Frieden zurückgewiesen habt, haltet euch an den Geringeren Frieden, auf daß ihr wenigstens einigermaßen eure eigene Lage und die der von euch Abhängigen bessern möget.

O Herrscher der Erde! Versöhnt euch miteinander, so daß ihr nicht mehr Kriegsrüstungen benötigt, als dem Schutze eurer Gebiete und Länder angemessen ist. Hütet euch, den Rat des Allwissenden, des Glaubwürdigen zu mißachten.

Seid einig, o Könige der Erde, denn dadurch wird der Sturm des Haders gestillt und eure Völker finden Ruhe — wenn ihr doch unter denen wäret, die das verstehen! Sollte einer unter euch gegen einen anderen die Waffen ergreifen, so erhebt euch alle gegen ihn, denn dies ist nichts als offenbare Gerechtigkeit.

Der eine, wahre Gott — erhaben sei Seine Herrlichkeit — hat immer die Herzen der Menschen als Seinen eigenen, ausschließlichen Besitz angesehen und wird dies immer tun. Alles andere, ob zu Land oder zur See, ob Reichtum oder Ruhm, hat Er den Königen und Herrschern der Erde gegeben. Vom Anfang an, der keinen Anfang hat, wurde das Banner, das die Worte verkündet: ‚Er tut, was Er will' in all seinem Glanz vor Seiner Offenbarung entfaltet. Heute muß die Menschheit Gehorsam gegenüber den Mächtigen erzeigen und treu am Seile der Weisheit festhalten. Die Mittel zum unmittelbaren Schutz, zur Ruhe und Sicherheit des Menschengeschlechts sind den Führern der menschlichen Gesellschaft anvertraut und liegen in ihrer Hand. So lauten der Wunsch Gottes und Seine Verordnung ... Wir hoffen, daß sich einer der Könige der Erde um Gottes willen für den Triumph dieses gequälten und unterdrückten Volkes erheben wird. Dieser König wird ewig gepriesen und verherrlicht werden. Gott hat Seinem Volk zur Pflicht gemacht, den zu unterstützen, der Ihm beisteht, seinem besten Wohle zu dienen und ihm Untertanentreue zu erweisen. Wer Mir folgt, muß unter allen Umständen danach streben, das Wohlergehen dessen zu fördern, der für den Sieg Meiner Sache kämpft, und ihm allezeit Ergebenheit und Aufrichtigkeit bezeigen. Glücklich der Mensch, der Meinen Rat beherzigt und befolgt! Wehe dem, der Meinen Wunsch nicht erfüllt!

AN NAPOLEON III.

O König in Paris! Sage den Priestern, sie sollen nicht länger die Glocken läuten. Bei Gott, dem Wahren! Die Mächtigste Glocke ist erschienen in der Gestalt Dessen, welcher der Größte Name ist, und die Finger des Willens deines Herrn, des Erhabensten, des Höchsten, läuten sie im Himmel der Unsterblichkeit in Seinem Namen ‚der Allherrliche'. So sind die mächtigen Verse deines Herrn aufs neue zu dir herabgesandt worden, auf daß du dich erheben mögest, Gottes zu gedenken, des Schöpfers von Erde und Himmel, in diesen Tagen, da alle Geschlechter der Erde trauern, da die Grundmauern der Städte erzittern und der Staub des Unglaubens alle Menschen einhüllt, ausgenommen jene, die dein Herr, der Allwissende, der Allweise, zu verschonen beliebte. Sprich: Er, der Unbedingte, ist in den Wolken des Lichts gekommen, um alles Erschaffene mit dem Odem Seines Namens ‚der Allbarmherzige' zu beleben, um die Welt zu vereinen und alle Menschen an dieser Tafel zu versammeln, die vom Himmel herabgesandt wurde. Hüte dich, die Gunst Gottes von dir zu weisen, nachdem sie zu dir herniederkam. Sie ist besser für dich als alles, was du besitzest; denn was dein ist, vergeht, aber was von Gott ist, besteht fort. Er verfügt in der Tat, was Ihm gefällt. Wahrlich, der Odem der Vergebung weht von der Stätte deines Herrn, des Gottes der Gnade. Wer sich Ihm zukehrt, wird von seinen Sünden, von aller Pein und Krankheit gereinigt. Glücklich der Mensch, der sich diesem Odem zuwendet, und wehe dem, der sich abkehrt!

Würdest du dein inneres Ohr allem Erschaffenen neigen, dann würdest du hören: ‚Der Urewige ist in Seiner großen Herrlichkeit gekommen!' Alle Dinge feiern das Lob ihres Herrn. Manche Menschen haben Gott erkannt und gedenken Seiner; andere erwähnen Ihn, aber kennen Ihn nicht. Deshalb haben Wir Unser Geheiß in einem deutlichen Tablet niedergelegt.

O König, lausche der Stimme, die aus dem Feuer ruft, das in diesem grünenden Baume brennt, auf dem Sinai, der sich über dem geheiligten, schneeweißen Ort jenseits der Ewigen Stadt erhob: ‚Wahrlich, es gibt keinen anderen Gott außer Mir, dem Ewigvergebenden, dem Barmherzigsten!' Wahrlich, Wir haben Ihn gesandt, dem Wir mit dem Heiligen Geiste (Jesus Christus) beistanden, damit Er euch dieses Licht ankünde, das ausstrahlt vom Horizont des Willens eures Herrn, des Erhabensten, des Allherrlichen, Ihn, dessen Zeichen im Westen offenbar sind. Richtet nun euer Angesicht auf Ihn (Bahá'u'lláh) an diesem Tag, den Gott über alle anderen Tage erhöht und an dem der Allbarmherzige den Glanz Seiner strahlenden Herrlichkeit auf alle ergossen hat, die im Himmel und auf Erden sind. Erhebe dich, Gott zu dienen und Seiner Sache beizustehen! Er, wahrlich, wird mit den Heerscharen des Sichtbaren und des Unsichtbaren dir zur Seite sein und dich zum König über alles einsetzen, was die Sonne bescheint. Dein Herr ist wahrlich der Allgewaltige, der Allmächtige.

Die Winde des Allbarmherzigen wehen über alles Erschaffene hin; glücklich der Mensch, der ihren Duft entdeckt und reinen Herzens ihnen entgegeneilt. Schmücke deinen Tempel mit der Zier Meines Namens, deine Zunge mit Meinem Gedenken und dein Herz mit der Liebe zu Mir, dem Allmächtigen, dem Höchsten. Wir wünschen nichts für dich als das, was besser für dich ist als dein Besitz und alle Schätze der Erde. Wahrlich, dein Herr ist allwissend, und Er kennt alles. Erhebe dich in Meinem Namen unter Meinen Dienern und sprich: ‚O ihr Völker der Erde! Wendet euch Ihm zu, der sich euch zuwandte. Wahrlich, Er ist das Antlitz Gottes unter euch, Sein Zeugnis und Seine Führung für euch. Er kam zu euch mit Zeichen, wie sie keiner sonst aufweisen kann.' Mitten im Herzen der Welt erschallt die Stimme des

Brennenden Busches, und laut ruft der Heilige Geist vor den Nationen: ‚Seht, der Ersehnte ist mit offenbarer Herrschaft gekommen!'

O König! Die Sterne am Himmel des Wissens sind herabgefallen, sie, die die Wahrheit Meiner Sendung durch ihren Besitz begründen wollen und die Gott in Meinem Namen anrufen. Dennoch haben sie sich abgewandt, als Ich in Meiner Herrlichkeit zu ihnen kam. In der Tat, sie zählen zu den Gefallenen. Dies ist wahrlich das, was der Geist Gottes (Jesus Christus) ankündigte, als Er mit der Wahrheit zu euch kam, Er, mit dem sich die jüdischen Gelehrten stritten, bis sie schließlich taten, was den Heiligen Geist klagen und die Tränen jener, die Gott nahe sind, strömen ließ ...

O König! Wir vernahmen die Worte, die du dem Zaren von Rußland bezüglich deines Entschlusses zum Krieg (Krimkrieg) zur Antwort gabst. Wahrlich, dein Herr ist allwissend und kennt alles. Du sagtest: ‚Ich lag schlafend auf meinem Bette, als der Schrei der Unterdrückten, die in das Schwarze Meer gestürzt wurden, mich weckte.' Solches hörten Wir dich sprechen, und wahrlich, dein Herr ist Zeuge dessen, was Ich sage. Wir bezeugen, daß das, was dich weckte, nicht ihr Schrei war, sondern die Einflüsterungen deiner eigenen Leidenschaften. Denn Wir prüften dich und fanden dich fehlerhaft. Erfasse die Bedeutung Meiner Worte und gehöre zu den Einsichtsvollen. Mit Rücksicht auf die Würde, die Wir dir in diesem vergänglichen Dasein verliehen, wünschen Wir keineswegs, dich zu verdammen. Wahrlich, Wir wählten die Höflichkeit und machten sie zum Kennzeichen für solche, die Ihm nahe sind. Höflichkeit ist in der Tat ein Gewand, das alle Menschen, jung oder alt, kleidet. Wohl steht es um den, der seinen Tempel mit ihr schmückt, und wehe denen, die dieser großen Gabe verlustig gehen. – Wärest du aufrichtig in deinen Worten gewesen, so hättest du das Buch Gottes nicht beiseite geworfen, als es dir von Ihm, dem Allmächtigen, dem Allweisen, zugesandt wurde. Wir haben dich damit geprüft und fanden dich anders, als du vorgibst. Erhebe dich und suche nachzuholen, was du versäumt hast. Binnen kurzem werden die Welt und all dein Besitz untergehen, und das Reich wird Gottes bleiben, deines Herrn und des Herrn deiner Väter. Es geziemt dir nicht, deine Geschäfte nach den Befehlen deiner Leidenschaften zu führen. Fürchte die Seufzer dieses Unterdrückten und schirme Ihn vor den Speeren derer, die Unrecht tun.

Für das, was du getan hast, soll dein Reich in Verwirrung gestürzt werden; deine Herrschaft soll deinen Händen zur Strafe für das, was du verübtest, entgleiten. Dann wirst du erkennen, wie sehr du dich geirrt hast. Aufruhr wird das ganze Volk des Landes ergreifen, es sei denn, du hilfst dieser Sache und folgst Ihm, dem Geist Gottes (Jesus), auf diesem, dem Geraden Pfad. Hat dich dein Pomp stolz gemacht? Bei Meinem Leben! Er soll nicht von Dauer sein, nein, er soll bald dahinschwinden, es sei denn, du hältst dich standhaft an dieses feste Seil. Wir sehen Erniedrigung dich verfolgen, während du zu den Achtlosen gehörst. Es geziemt dir, wenn du Seine Stimme vom Throne der Herrlichkeit rufen hörst, alles wegzuwerfen, was du besitzest, und laut zu antworten: ‚Hier bin ich, o Du Herr all dessen, was im Himmel und auf Erden ist!‘

O König! Wir waren im ‘Iráq, als die Stunde des Abschieds kam. Auf Befehl des Königs des Islám (des Sultans der Türkei) lenkten Wir Unseren Fuß in seiner Richtung. Bei Unserer Ankunft fügten Uns die Böswilligen zu, was die Bücher der Welt niemals angemessen wiedergeben können. Die Bewohner des Paradieses und alle, die an den Stätten der Heiligkeit weilen, klagten laut darüber, und doch sind die Menschen in dichte Schleier gehüllt! . . .

Unsere Lage wurde von Tag zu Tag, ja von Stunde zu Stunde schlimmer, bis man Uns aus Unserem Gefängnis nahm und Uns – ein schreiendes Unrecht – in das Größte Gefängnis brachte ...

Sei dir bewußt, daß deine Untertanen Gottes Lehen an dich sind. Beschütze sie darum wie dein eigenes Selbst. Sieh dich vor, daß nicht Wölfe zu Hirten der Herde werden oder daß Stolz und Eitelkeit dich hindern, dich der Armen und Verlassenen anzunehmen. Erhebe dich in Meinem Namen am Horizont der Entsagung und richte sodann dein Angesicht auf das Königreich, wie es dein Herr, der Herr der Stärke und Macht, dir befiehlt ...

Schmücke den Körper deines Reiches mit dem Gewande Meines Namens; alsdann mache dich auf, Meine Sache zu lehren. Dies ist besser für dich als alles, was du besitzest. Gott wird dadurch deinen Namen unter allen Königen erhöhen. Er ist über alle Dinge mächtig. Wandle unter den Menschen im Namen Gottes und in der Kraft Seiner Macht, damit du Seine Zeichen unter den Völkern auf Erden kundtust ...

Betrachtet die Welt wie einen menschlichen Körper, der von verschiedenen Leiden befallen wurde und dessen Genesung davon abhängt, daß alle Elemente, aus denen er sich zusammensetzt, aufeinander abgestimmt werden. Haltet euch an das, was Wir für euch verordneten, und wandelt nicht auf den Wegen jener, die Zwietracht stiften. Sinnt nach über die Welt und den Zustand ihrer Völker. Er, um dessentwillen die Welt ins Sein gerufen wurde, ist in der trostlosesten aller Städte wegen der Untaten der Verstockten eingekerkert. Vom Horizont Seiner Gefängnisstadt lädt Er die Menschheit zum Anbruch des Tages Gottes, des Erhabenen, des Großen. Frohlockst du über die Schätze, die du besitzest, wo du doch weißt, daß sie vergehen werden? Freust du dich darüber, daß du ein Stückchen Erde beherrschst, während die ganze Welt nach der Schätzung des Volkes Bahás soviel wert ist wie das Schwarze im Auge einer toten Ameise? Überlasse dies denen, die ihre Lust dareinsetzten, und wende dich Ihm, der Sehnsucht der Welt, zu. Wohin sind die Stolzen und ihre Paläste gekommen? Blicke in ihre Gräber, damit du an diesem Beispiel lernst, denn Wir machten es zur Lehre für jeden Betrachter. Würde der Windhauch der Offenbarung dich erfassen, du würdest die Welt fliehen, würdest dich dem Reiche Gottes zuwenden und alles hingeben, was du besitzest, um dieser erhabenen Schau nahezukommen.

AN ZAR ALEXANDER II.

O Zar von Rußland! Neige dein Ohr der Stimme Gottes, des Königs, des Heiligen, und wende dich dem Paradiese zu, der Stätte, wo Er wohnt, der unter den himmlischen Scharen die erhabensten Titel trägt und dem im Reiche der Schöpfung der Name Gott, der Strahlende, der Glorreiche, beigelegt wird. Hüte dich, daß dich deine Begierde nicht hindere, dich dem Angesichte deines Herrn, des Mitleidigen, des Barmherzigsten, zuzuwenden. Wir haben wahrlich die Sache vernommen, um die du deinen Herrn in heimlicher Zwiesprache angefleht hast. Darum wehten die Winde Meiner liebevollen Güte und wogte das Meer Meiner Barmherzigkeit, und Wir antworteten dir in Wahrheit. Dein Herr ist der Allwissende, der Allweise. Als Ich gefesselt und angekettet im Kerker lag, bot Mir einer deiner Gesandten seine Hilfe an. Deshalb hat Gott einen Rang für dich verordnet, welchen keine Erkenntnis begreifen kann, ausgenommen Seine Erkenntnis. Hüte dich, daß du diesen erhabenen Rang nicht verscherzest ... Hüte dich, daß dich deine Herrschaft nicht von Ihm, dem höchsten Herrscher, fernhält. Wahrlich, Er ist mit Seinem Reiche gekommen, und alle Atome rufen laut: ‚Seht, der Herr ist in Seiner erhabenen Majestät gekommen!' Er, der Vater, ist gekommen, und der Sohn (Jesus) im heiligen Tale ruft aus: ‚Hier bin Ich, hier bin Ich, o Herr, Mein Gott!', während der Sinai das Haus umkreist und der Brennende Busch laut ausruft: ‚Der Freigebigste ist gekommen auf den Wolken thronend! Gesegnet ist, wer sich Ihm nähert, und wehe denen, die weit entfernt sind!'

Erhebe dich inmitten der Menschen im Namen dieser allbezwingenden Sache und rufe sodann die Nationen zu Gott, dem Erhabenen, dem Großen. Gehöre nicht zu denen, die Gott bei einem Seiner Namen angerufen haben, die aber, als Er, der Gegenstand aller Namen, erschien, Ihn verleugneten, sich von Ihm abwandten und schließlich mit offenbarer

Ungerechtigkeit das Urteil über Ihn fällten. Bedenke und rufe dir die Tage ins Gedächtnis zurück, da der Geist Gottes (Jesus) erschien und Herodes das Urteil über Ihn sprach. Gott aber half Ihm mit den unsichtbaren Heerscharen, beschützte Ihn in Wahrheit und sandte Ihn nach Seiner Verheißung in ein anderes Land. Wahrlich, Er verordnet, was Ihm gefällt. Dein Herr behütet sicher, wen Er will, sei er auch in der Mitte der Meere oder im Bauch der Schlange oder unter dem Schwerte des Tyrannen . . .

Wiederum sage Ich: Höre auf Meine Stimme, die aus Meinem Gefängnis ruft, daß sie dir künde, was Meiner Schönheit widerfahren ist von der Hand derer, die die Offenbarungen Meiner Herrlichkeit sind, und damit du verstehen mögest, wie groß Meine Geduld gewesen ist, ungeachtet Meiner Macht, und wie unermeßlich Meine Nachsicht, ungeachtet Meiner Stärke. Bei Meinem Leben! Könntest du nur die Dinge erkennen, die durch Meine Feder herabgesandt wurden, und die Reichtümer Meiner Sache entdecken und die Perlen Meiner Geheimnisse, welche in den Meeren Meiner Namen und in den Bechern Meiner Worte verborgen liegen – du würdest in deiner Liebe zu Meinem Namen und in deiner Sehnsucht nach Meinem herrlichen und erhabenen Reich dein Leben auf Meinem Pfade hingeben. Wisse, daß, wenn auch das Schwert Meiner Feinde über Mir hängt und Meine Glieder von unermeßlichen Leiden befallen sind, Mein Geist doch von einer Freude erfüllt ist, mit der alle Freuden der Erde nimmermehr verglichen werden können.

Wende dein Herz Ihm, dem Ziel der Anbetung der Welt, zu und sprich: O Völker der Erde! Habt ihr Den verleugnet, auf dessen Pfad Er den Märtyrertod erlitt, der mit der Wahrheit kam und die Ankündigung eures Herrn, des Erhabenen, des Großen, überbrachte? Sprich: Dies ist eine Verkündigung, über die die Herzen der Propheten und Boten frohlockten. Dies ist der Eine, dessen das Herz der Welt gedenkt und der in den Büchern Gottes, des Mächtigen, des Allweisen, verheißen ist. Die Hände der Boten waren im Verlangen, Mir zu begegnen, zu Gott erhoben, dem Mächtigen, dem Verherrlichten ... Einige wehklagten über ihre Trennung von Mir, andere erduldeten Ungemach auf Meinem Pfade und wieder andere gaben ihr Leben hin um Meiner Schönheit willen – o könntet ihr das doch erkennen! Sprich: Ich habe wahrlich nicht danach getrachtet, Mich selbst zu rühmen, vielmehr Gott selbst tat es – würdet ihr doch gerecht urteilen! Nichts kann in Mir gesehen werden außer Gott und Seiner Sache – könntet ihr es doch gewahr werden! Ich bin Der, den die Zunge Jesajas pries, Der, mit dessen Namen sowohl die Thora wie das Evangelium geschmückt wurden ... Gesegnet sei der König, dessen Herrschaft ihn nicht von seinem Herrscher fernhielt und der sich mit seinem Herzen Gott zuwandte. Er, wahrlich, wird zu jenen gezählt, die das erreichten, was Gott, der Mächtige, der Allweise, wünschte. Binnen kurzem wird sich ein solcher unter die Monarchen der Reiche des Königreiches eingereiht finden. Dein Herr ist mächtig über alle Dinge. Er gibt, was Er will, wem immer Er will, und versagt, was Ihm beliebt, wem immer Er will. Er, wahrlich, ist der Allgewaltige, der Allmächtige!

AN KÖNIGIN VIKTORIA

O Königin in London! Neige dein Ohr der Stimme deines Herrn, des Herrn des ganzen Menschengeschlechts, die vom göttlichen Lotosbaum ruft: Wahrlich, es gibt keinen Gott außer Mir, dem Allmächtigen, dem Allweisen! Wirf alles hinweg, was auf Erden ist, und schmücke das Haupt deines Königreichs mit der Krone des Gedenkens deines Herrn, des Glorreichsten. Er, wahrlich, ist in die Welt in Seiner größten Herrlichkeit gekommen, und alles, was im Evangelium verkündet ist, hat sich erfüllt. Das Land Syrien ist geehrt worden durch die Fußspuren seines Herrn, des Herrn aller Menschen, und Nord und Süd sind beide trunken vom Wein Seiner Gegenwart. Gesegnet ist der Mensch, der den Duft des Barmherzigsten einatmete und sich dem Aufgangsort Seiner Schönheit in dieser strahlenden Morgendämmerung zuwandte. Die Moschee von Aqṣá bebt im Windhauch ihres Herrn, des Allherrlichen, während Baṭḥá (Mekka) vor der Stimme Gottes, des Erhabenen, des Höchsten, erzittert. Und so feiert jeder Stein von ihnen den Lobpreis des Herrn durch diesen Großen Namen.

Gib dein Begehren auf und wende sodann dein Herz deinem Herrn, dem Altehrwürdigen der Tage, zu. Wir erwähnen dich um der Sache Gottes willen und wünschen, daß dein Name erhöht werde durch dein Gedenken an Gott, den Schöpfer von Erde und Himmel. Er, wahrlich, ist Zeuge dessen, was Ich sage. Wir haben erfahren, daß du den Handel mit Sklaven, Männern sowohl wie Frauen, verboten hast. Wahrlich, dies ist, was Gott in dieser wundervollen Offenbarung zur Pflicht gemacht hat. Gott hat dir dafür eine Belohnung bestimmt. Er wird dem, der Gutes tut, seinen gerechten Lohn geben – möchtest du doch dem folgen, was dir zugesandt ward durch Ihn, den Allwissenden, den alles Durchschauenden. Was aber den betrifft, der sich abwendet und sich vor Stolz bläht, nachdem klare Zeichen zu ihm gekommen sind von dem Offenbarer der Zeichen, dessen Werk wird Gott zunichte machen. Er, wahrlich, hat Gewalt über alle Dinge. Des Menschen Taten sind annehmbar, nachdem er (die Manifestation) anerkannt hat. Wer sich von dem Wahren abwendet, ist in der Tat am tiefsten unter Seinen Geschöpfen verschleiert. So ist es durch Ihn, den Allmächtigen, den Gewaltigsten, bestimmt worden.

Wir haben auch gehört, daß du die Zügel der Beratung den Händen der Volksvertreter anvertraut hast. Du hast fürwahr gut daran getan, denn dadurch werden der Grund des Gebäudes deiner Angelegenheiten gestärkt und die Herzen aller, die unter deinem Schutze stehen, ob hoch oder niedrig, beruhigt werden. Es geziemt diesen jedoch, vertrauenswürdig zu sein unter Seinen Dienern und sich als die Vertreter aller zu betrachten, die auf Erden wohnen. Dies ist es, was Er ihnen in diesem Tablet rät, Er, der Herrscher, der Allweise ... Gesegnet ist, wer die Versammlung besucht um Gottes willen und aus reiner Gerechtigkeit zwischen den Menschen entscheidet. Er gehört fürwahr zu den Glückseligen ...

Wende dich Gott zu und sprich: O mein höchster Herr! Ich bin nur Dein Vasall, und Du bist in Wahrheit der König der Könige. Ich habe meine flehenden Hände zum Himmel Deiner Gnade und Deiner Gaben erhoben. So sende denn aus den Wolken Deiner Großmut auf mich herab, was mich von allem außer Dir befreien wird, und ziehe mich näher zu Dir hin. Ich bitte Dich, o mein Herr, bei Deinem Namen, den Du zum König der Namen gemacht hast und zu Deiner Offenbarung für alle, die im Himmel und auf Erden sind, zerreiße die Schleier, die zwischen mich und meine Erkenntnis des Aufgangsortes Deiner Zeichen und des Tagesanbruchs Deiner Offenbarung getreten sind. Du bist, wahrlich, der Mächtigste, der Gewaltigste, der Gütigste. O Herr, beraube mich nicht der Düfte des Gewandes Deiner Barmherzigkeit in Deinen Tagen und schreibe nieder für mich, was Du für Deine Dienerinnen niedergeschrieben hast, die an Dich und Deine Zeichen geglaubt und Dich erkannt und ihre Herzen dem Horizonte Deiner Sache zugewandt haben. Du bist wahrlich der Herr der Welten und der Barmherzigste derer, die Barmherzigkeit erzeigen. So stehe mir bei, o mein Gott, Deiner inmitten Deiner Dienerinnen zu gedenken und Deiner Sache in Deinen Ländern zu helfen. Nimm an, was von mir ausging, als das Licht Deines Antlitzes aufstrahlte. Du hast fürwahr die Macht über alle Dinge. Ruhm sei Dir, o Du, in dessen Hand das Reich der Himmel und der Erde ruht.

AN KAISER WILHELM I.

O König von Berlin! Höre auf die Stimme, die aus diesem offenbaren Tempel ruft: Wahrlich, es gibt keinen Gott außer Mir, dem Immerwährenden, dem Unvergleichlichen, dem Altehrwürdigen der Tage. Hüte dich, daß dich nicht Stolz hindere, den Tagesanbruch göttlicher Offenbarung zu erkennen, daß irdische Wünsche dich nicht wie durch einen Schleier trennen von dem Herrn des Thrones im Himmel und auf Erden hienieden. Dies rät dir die Feder des Höchsten. Er, wahrlich, ist der Gnadenvollste, der Gütigste. Denke an den (Napoleon III.), dessen Macht deine Macht überragte und dessen Rang deinen Rang übertraf. Wo ist er? Wohin ist entschwunden, was er besaß? Sei gewarnt und sei nicht einer der tief Schlafenden. Er warf das Tablet Gottes beiseite, als Wir ihm kundtaten, was die Scharen der Tyrannen Uns erdulden ließen. Darum überfiel ihn Unglück von allen Seiten, und er starb in großem Verlust. Denke gut über ihn nach, o König, und über solche, die gleich dir Städte erobert und über Menschen geherrscht haben. Der Barmherzigste brachte sie herab von ihren Palästen in das Grab. Sei gewarnt! Sei einer von denen, die überlegen! ... O Ufer des Rheins! Wir haben euch mit Blut bedeckt gesehen, denn die Schwerter der Vergeltung wurden gegen euch gezückt; und es soll noch einmal geschehen. Und Wir hören das Wehklagen Berlins, obgleich es heute in sichtbarem Ruhme strahlt.

AN KAISER FRANZ JOSEPH

O Kaiser von Österreich! Er, der Tagesanbruch des göttlichen Lichtes, weilte im Gefängnis von 'Akká zu der Zeit, da du dich aufmachtest, die Aqṣá-Moschee (in Jerusalem) zu besuchen. Du zogst an Ihm vorüber und forschtest nicht nach Ihm, durch den jedes Haus erhöht und jede erhabene Pforte geöffnet wurde. Wir, wahrlich, machten es (Jerusalem) zu einem Platz, wohin die Welt sich wenden soll, um Meiner zu gedenken. Doch du hast Ihn, das Ziel dieses Gedenkens, verschmäht, als Er erschien mit dem Reiche Gottes, deines Herrn und des Herrn der Welten. Wir sind allezeit mit dir gewesen und fanden dich an einen Zweig geklammert, der Wurzel nicht achtend. Wahrlich, dein Herr ist Zeuge dessen, was Ich sage. Wir waren bekümmert, dich um Unseren Namen kreisen zu sehen, ohne Unser gewahr zu werden, obgleich Wir vor deinem Angesicht waren. Öffne deine Augen, diese herrliche Erscheinung zu betrachten und Ihn, den du des Tages und zur Nachtzeit anrufst, zu erkennen und das Licht zu erschauen, das von diesem Horizont ausstrahlt.

AN SULṬÁN ‘ABDU’L-‘AZÍZ

O König! Höre auf die Rede Dessen, der die Wahrheit spricht, der nicht von dir verlangt, daß du Ihn mit dem entlohnst, was Gott dir zu schenken beliebte, und der unbeirrbar auf dem geraden Pfade wandelt. Er lädt dich vor Gott, deinen Herrn, und weist dir die rechte Bahn und den Weg, der zu wirklichem Glück führt, damit du vielleicht zu den Wohlgelittenen gehören mögest.

Hüte dich, o König, daß du nicht solche Minister um dich sammelst, die dem Verlangen einer bösen Neigung folgen, die das ihnen Anvertraute fortwerfen und offenkundig das ihnen geschenkte Vertrauen mißbrauchen. Sei freigebig gegen andere, wie Gott freigebig gegen dich war, und überlasse das Wohl deines Volkes nicht der Gnade solcher Minister. Vergiß nicht die Gottesfurcht und zähle zu den rechtschaffen Handelnden. Sammle Minister um dich, bei denen du den Wohlgeruch des Glaubens und der Gerechtigkeit verspürst, pflege Rat mit ihnen, wähle immer, was in deinen Augen das beste ist, und sei unter denen, die edelmütig handeln.

Wisse, daß der, der nicht an Gott glaubt, weder vertrauenswürdig noch wahrhaftig ist. Das ist in der Tat die Wahrheit, die unbestrittene Wahrheit. Wer treulos an Gott handelt, wird auch treulos an seinem König handeln. Nichts kann einen solchen Menschen vom Bösen abhalten, nichts kann ihn daran hindern, seinen Nächsten zu verraten, nichts kann ihn bestimmen, ehrlich zu handeln.

Hüte dich, die Zügel der Angelegenheiten deines Staates den Händen anderer zu überlassen, lasse dein Vertrauen nicht auf Ministern ruhen, die deines Vertrauens unwürdig sind, und zähle nicht zu denen, die in Nachlässigkeit dahinleben. Weiche denen aus, deren Herzen sich von dir abgewendet haben, setze dein Vertrauen nicht in sie und vertraue ihnen deine Angelegenheiten und die Angelegenheiten derer nicht an, die sich zu deinem Glauben bekennen. Hüte dich, dem Wolf zu gestatten, der Hirte der Herde Gottes zu werden, und überlasse das Schicksal Seiner Geliebten nicht der Gnade der Bösen. Erwarte nicht, daß die, welche die Gesetze Gottes übertreten, vertrauenswürdig und aufrichtig in dem Glauben sein werden, zu dem sie sich bekennen. Meide sie und wache streng über dich selbst, damit ihre List und ihr Übelwollen dir nicht schaden. Wende dich von ihnen ab und richte deinen Blick auf Gott, deinen Herrn, den Allherrlichen, den Freigebigsten. Gott wird wahrlich mit dem sein, der sich Ihm ganz hingibt. Er wird gewißlich den, der sein ganzes Vertrauen in Gott setzt, vor allem behüten, was ihm schaden könnte, und ihn vor der Schlechtigkeit jedes üblen Ränkeschmieds beschirmen.

Wenn du dein Ohr Meiner Rede neigst und Meinen Rat befolgst, wird Gott dich zu einer so hohen Stellung erheben, daß dich auf der ganzen Erde keines Menschen Anschlag jemals erreichen und schädigen kann. O König, folge mit deinem innersten Herzen und deinem ganzen Sein den Geboten Gottes und wandle nicht auf den Wegen des Unterdrückers. Ergreife die Zügel der Angelegenheiten deines Volkes, halte sie sicher in der Hand deiner Macht und prüfe persönlich die Belange des Volkes. Lasse dir nichts entgehen, denn darin liegt das höchste Gut.

Danke Gott, daß Er dich vor der ganzen Welt auserwählte und dich zum König über die gemacht hat, die deinen Glauben bekennen. Es geziemt dir wohl, die wunderbaren Gunstbeweise zu würdigen, mit denen Gott dich bevorzugt hat, und fortwährend Seinen Namen zu erhöhen. Du kannst Ihn dann am besten verherrlichen, wenn du Seine Geliebten liebst und Seine Diener vor dem Übelwollen der Treulosen schirmst und schützest, damit niemand sie länger unterdrücke. Du solltest dich ferner erheben, um das Gesetz Gottes unter ihnen zu errichten, damit du zu denen zählst, die sicher in Seinem Gesetz stehen.

Solltest du Ströme der Gerechtigkeit mit ihren Wassern deine Untertanen umfluten lassen, so würde Gott dir gewißlich mit den Heerscharen des Unsichtbaren und des Sichtbaren helfen und dich in deinen Angelegenheiten stärken. Kein Gott ist außer Ihm. Die ganze Schöpfung und ihr Reich sind Sein. Zu Ihm kehren die Werke der Gläubigen zurück.

Verlasse dich nicht auf deine Schätze. Setze dein ganzes Vertrauen in die Gnade Gottes, deines Herrn. Laß Ihn deine Zuversicht sein in allem, was du tust, und zähle zu denen, die sich in Seinen Willen ergeben haben. Lasse Ihn dein Helfer sein und bereichere dich an Seinen Schätzen, denn bei Ihm sind die Schatzkammern der Himmel und der Erde. Er schenkt sie, wem Er will, und vorenthält sie, wem Er will. Es ist kein Gott außer Ihm, dem Allbesitzenden, dem Allgepriesenen. Alle sind nur Almosenempfänger am Tor Seines Erbarmens. Alle sind hilflos vor der Offenbarung Seiner Herrschaft und flehen um die Beweise Seiner Gunst.

Überschreite nicht die Grenzen der Mäßigung und verfahre gerecht mit denen, die dir dienen. Gib ihnen ihren Nöten entsprechend und nicht in einem Ausmaß, das sie befähigt, Reichtümer für sich anzuhäufen, ihr Äußeres zu schmücken, ihr Heim zu verschönern, Dinge zu erwerben, die von keinerlei Nutzen für sie sind und sie zu den Verschwendern zählen läßt. Handle an ihnen mit unwandelbarer Gerechtigkeit, so daß keiner unter ihnen Mangel leide oder durch Überfluß übersättigt werde. Das ist offenbare Gerechtigkeit.

Gestatte den Verworfenen nicht, über die Edlen und Ehrenwerten zu herrschen, und lasse es nicht zu, daß die Hochgesinnten der Gnade der Gemeinen und Nichtswürdigen ausgeliefert werden – denn solches haben Wir bei Unserer Ankunft in der Stadt (Konstantinopel) beobachtet. Das bezeugen Wir. Wir fanden unter ihren Bewohnern einige, die Vermögen im Überfluß besaßen und inmitten eines übermäßigen Reichtums lebten, während andere sich in bitterer Not und niederster Armut befanden. Das geziemt deiner Herrschaft nicht und ist deines Ranges unwürdig.

Lasse dir Meinen Rat angenehm sein und strebe danach, unparteiisch unter den Menschen zu herrschen, damit Gott deinen Namen erhöhe und den Ruf deiner Gerechtigkeit in aller Welt verbreite. Hüte dich, deine Minister auf Kosten deiner Untertanen zu mächtig werden zu lassen. Fürchte die Seufzer der Armen und der Aufrechten im Herzen, die bei jedem Tagesanbruch ihre Lage beklagen, und sei ihnen ein liebreicher Herrscher. Wahrlich, sie allein sind deine Schätze auf Erden. Es geziemt dir daher, deine Schätze vor den Angriffen derer zu bewahren, die danach trachten, dich zu berauben. Untersuche eingehend ihre Angelegenheiten, erforsche jedes Jahr, nein, jeden Monat ihre Lage und zähle nicht zu denen, die ihrer Pflicht nicht nachkommen.

Halte dir Gottes unfehlbare Waage vor Augen und wäge damit wie einer, der in Seiner Gegenwart steht, deine Handlungen jeden Tag, jeden Augenblick deines Lebens ab. Ziehe dich selbst zur Verantwortung, ehe du zur Rechenschaft gezogen wirst an dem Tag, da kein Mensch die Kraft haben wird, aufrecht zu stehen, aus Furcht vor Gott, an dem Tag, da die Herzen der Achtlosen erzittern werden.

Es geziemt jedem König, so freigebig zu sein wie die Sonne, die das Wachstum aller Wesen fördert und jedem seinen Anteil gibt, deren Wohltaten ihr nicht innewohnen, sondern von Ihm bestimmt sind, dem Machtvollsten, dem Allmächtigen. Der König sollte so freispendend, so großzügig in seinem Erbarmen sein, wie die Wolken, deren Schauer der Freigebigkeit sich über jedes Land auf Befehl Dessen ergießen, der der Höchste Verordner, der Allwissende ist.

Hüte dich, deine Staatsangelegenheiten völlig den Händen anderer anzuvertrauen. Niemand kann deine Amtstätigkeit besser ausüben als du selbst. Deshalb erklären Wir dir Unsere Worte der Weisheit und senden auf dich hernieder, was dich befähigen kann, von der linken Hand der Unterdrückung zur rechten Hand der Gerechtigkeit hinüberzuwechseln und dich dem leuchtenden Meer Seiner Gunst zu nähern. Das ist der Weg, den die Könige, die vor dir waren, gegangen sind, diejenigen, die gerecht an ihren Untertanen gehandelt haben und auf den Pfaden unwandelbarer Gerechtigkeit vorangeschritten sind.

Du bist Gottes Schatten auf Erden. So strebe danach, in einer Weise zu handeln, wie es einer so hervorragenden und erhabenen Stufe geziemt. Wenn du nicht das befolgst, was Wir auf dich herabkommen ließen und dich lehrten, wirst du dich jener großen und unschätzbaren Ehre berauben. Kehre daher um, halte dich allein an Gott, reinige dein Herz von der Welt und allen ihren Nichtigkeiten und dulde nicht, daß die Liebe irgendeines Fremdlings hineinkomme und darin wohne. Wenn du dein Herz nicht von jeglicher Spur einer solchen Liebe läuterst, kann der Glanz des Lichtes Gottes seinen Strahlenschimmer nicht darüber ausgießen, denn niemandem hat Gott mehr als ein Herz gegeben. Das, wahrlich, wurde angeordnet und niedergeschrieben in Seinem altehrwürdigen Buch. Da das menschliche Herz, wie es von Gott gebildet wurde, eins und unteilbar ist, geziemt es dir, seine Zuneigung auch eins und unteilbar sein zu lassen. Halte dich darum mit der ganzen Zuneigung deines Herzens an Seine Liebe und bewahre es vor der Liebe irgendeines anderen außer Ihm, damit Er dir helfe, dich in das Meer Seiner Einigkeit zu versenken, und dich befähige, eine wahre Stütze Seiner Einheit zu werden. Gott ist Mein Zeuge – Ich offenbarte dir diese Worte in der alleinigen Absicht, dich von den vergänglichen Dingen der Erde zu heiligen und dir zu helfen, das Reich ewigwährender Herrlichkeit zu betreten, damit du mit der Erlaubnis Gottes unter denen seiest, die darin bleiben und herrschen ...

O König! Höre auf die Worte, die Wir an dich gerichtet haben. Gebiete dem Unterdrücker, von seiner Tyrannei abzulassen, und sondere die, welche Ungerechtigkeiten begehen, von denen ab, die deinen Glauben bekennen. Bei der Gerechtigkeit Gottes – die Heimsuchungen, die Wir erlitten haben, sind so groß, daß die Feder bei ihrer Wiedergabe von Schmerz überwältigt ist. Keiner von denen, die wirklich glauben und die Einheit Gottes aufrechterhalten, kann die Last ihres Berichtes ertragen. So groß waren Unsere Leiden, daß selbst die Augen Unserer Feinde und darüber hinaus die eines jeden erkennenden Menschen über Uns geweint haben. Allen diesen Prüfungen wurden Wir unterworfen, obwohl Wir versuchten, dir nahezukommen, und Wir dem Volke befahlen, in deinen Schatten zu treten, damit du ein Bollwerk für die werdest, die an die Einheit Gottes glauben und sie hochhalten.

O König! War Ich dir jemals ungehorsam? Habe Ich jemals eines deiner Gesetze übertreten? Kann irgendeiner deiner Minister, die dich im 'Iráq vertraten, einen Beweis erbringen, der Meine Untreue gegen dich belegen könnte? Nein, bei Ihm, dem Herrn aller Welten! Auch nicht einen kurzen Augenblick lang lehnten Wir Uns gegen dich oder gegen irgendeinen deiner Minister auf. Niemals, so Gott will, werden Wir Uns gegen dich empören, obgleich Wir schwereren Prüfungen ausgesetzt sind, als Wir sie jemals in der Vergangenheit erlitten haben.

Am Tage und in der Nacht, am Abend und am Morgen beten Wir zu Gott um deinetwillen, damit Er dir gnädig helfe, Ihm zu gehorchen und Seine Gebote zu halten, damit

Er dich schirme vor der Menge der Bösen. Verfahre daher nach deinem Wohlgefallen und behandle Uns, wie es deiner Stufe und deiner Herrschaft geziemt. Vergiß nicht das Gesetz Gottes bei allem, was du jetzt oder in kommenden Tagen zu vollbringen wünschst. Sprich: Preis sei Gott, dem Herrn aller Welten!

AN NÁṢIRI'D-DÍN S͟HÁH

O König! Ich war nur ein Mensch wie andere und schlief auf Meinem Lager – siehe, da wehten die Winde des Herrlichsten über Mich und gaben Mir Kenntnis von allem, was war. Diese Sache ist nicht von Mir, sondern von Dem, welcher allmächtig und allwissend ist. Und Er gebot Mir, Meine Stimme zu erheben zwischen Erde und Himmel, und um dessentwillen befiel Mich, worüber ein jeder Mensch mit Einsicht weinte. Die allgemein übliche Gelehrsamkeit der Menschen studierte Ich nicht; ihre Schulen betrat Ich nicht. Frage nach in der Stadt, wo Ich wohnte, auf daß du wohl versichert seiest, daß Ich nicht zu denen gehöre, die falsch reden. Dies ist nur ein Blatt, das die Winde des Willens deines Herrn, des Allmächtigen, des Allgepriesenen, bewegt haben. Kann es ruhig bleiben, wenn der Sturmwind weht? Nein, bei Ihm, dem Herrn aller Namen und Eigenschaften! Er bewegt es, wie Er will. Das Vorübergehende ist wie ein Nichts vor Ihm, dem Ewigen. Sein allbezwingender Ruf hat Mich erreicht und ließ Mich Seinen Lobpreis unter allem Volke anstimmen. Fürwahr, Ich war wie ein Toter, als Sein Befehl erscholl. Die Hand des Willens deines Herrn, des Mitleidigen, des Barmherzigen, verwandelte Mich. Kann irgend jemand aus eigenem Willen das aussprechen, weswegen alle Menschen, hoch und niedrig, sich gegen ihn erheben werden? Nein, bei Ihm, der die Feder die ewigen Geheimnisse lehrte: das kann nur, wem die Gnade des Allmächtigen, des Allgewaltigen Kraft gab. Die Feder des Höchsten wandte sich Mir zu und sprach: Fürchte dich nicht! Berichte Seiner Majestät dem Sháh, was über dich gekommen ist. Wahrlich, sein Herz ist in der Hand deines Herrn, des Gottes der Barmherzigkeit, damit vielleicht die Sonne der Gerechtigkeit und Freigebigkeit über dem Horizonte seines Herzens aufstrahlt. So wurde die Verordnung unwiderruflich festgesetzt durch Ihn, den Allweisen.

O König, blicke auf diesen Jüngling mit den Augen der Gerechtigkeit. Urteile sodann aufrichtig über das, was Ihn befallen hat. Wahrhaftig, Gott hat dich zu Seinem Schatten gemacht unter den Menschen und zum Zeichen Seiner Macht für alle, die auf Erden wohnen. Urteile zwischen Uns und denen, die Uns Unrecht taten ohne Beweis und ohne ein erleuchtendes Buch. Sie, die um dich sind, lieben dich um ihres eigenen Vorteils willen, wogegen dieser Jüngling dich um deines Vorteils willen liebt und keinen Wunsch hat, als dich dem Sitze der Gnade näher zu bringen und dich der rechten Hand der Gerechtigkeit zuzuführen. Dein Herr ist Zeuge dessen, was Ich erkläre.

O König! Wenn du dein Ohr dem Laut der Feder der Herrlichkeit und dem Gurren der Taube der Ewigkeit zuneigtest, die auf den Zweigen des Lotosbaumes, über den es kein Hinausgehen gibt, den Lobpreis Gottes, des Schöpfers aller Namen, der Erde und des Himmels, singt, so würdest du auf eine solche Stufe gelangen, von welcher aus du in der Welt des Daseins nichts als den Glanz des Angebeteten schautest und deine Herrschaft als das Unwürdigste deines Besitzes ansähest; du würdest sie jedem überlassen, der sie gerade begehrt, und dein Angesicht dem Horizont zuwenden, der im Lichte Seines Antlitzes erglüht. Auch würdest du die Bürde der Herrschaft nur noch tragen wollen, um damit deinem Herrn, dem Erhabenen, dem Höchsten, zu helfen. Dann würden dich die Himmelsbewohner segnen. Ach, wie herrlich ist diese erhabenste Stufe – könntest du doch zu ihr gelangen durch die Macht einer Herrschaft, die erkannt wird als vom Namen Gottes hergeleitet! ...

O König des Zeitalters! Die Augen dieser Flüchtlinge sind der Barmherzigkeit des Barmherzigsten zugewandt und auf sie geheftet. Es besteht kein Zweifel, daß diesen Trübsalen die Ausgießungen höchster Barmherzigkeit folgen werden und daß nach diesen schrecklichen Anfeindungen ein überströmendes Glück kommen wird. Wir hoffen sehr, daß Seine Majestät der Sháh diese Dinge selbst untersuchen und den Herzen Hoffnung bringen wird. Was Wir deiner Majestät unterbreiteten, ist fürwahr zu deinem höchsten Nutzen. Und Gott, wahrlich, ist für Mich hinreichend Zeuge ...

O Sháh, geschähe es doch, daß du Mir gestattetest, dir das zu senden, was die Augen ergötzt, die Seelen beruhigt und jeden ehrlich gesinnten Menschen überzeugt, daß bei Ihm die Erkenntnis des Buches ist ... Wäre die Zurückweisung durch die Narren und die falsche Nachsicht der Geistlichen nicht gewesen, so hätte Ich eine Rede gehalten, welche die Herzen durchschauert und in ein Reich entführt hätte, wo im Rauschen der Winde zu hören wäre: ‚Keinen Gott gibt es außer Ihm' ...

O Sháh, Ich habe auf dem Pfade Gottes geschaut, was noch kein Auge schaute und kein Ohr hörte ... Wie zahlreich sind die Trübsale, welche auf Mich herabströmten und bald noch herabströmen werden! Ich schreite voran, den Blick auf Ihn gerichtet, den Allmächtigen, den Allgütigen, während hinter Mir die Schlange gleitet. Meine Augen haben Tränen vergossen, bis Mein Bett von ihnen getränkt war. Aber Ich gräme Mich nicht um Mich. Bei Gott! Mein Haupt sehnt sich nach dem Speer aus Liebe zu seinem Herrn. Ich ging nie an einem Baum vorbei, ohne daß Mein Herz ihn anredete und sprach: ‚O würdest du doch in Meinem Namen abgehauen und Mein Leib an dir auf dem Pfade Meines Herrn gekreuzigt!' ... Bei Gott! Obgleich Müdigkeit Mich niederdrückt, Hunger Mich verzehrt, der nackte Fels Mein Bett ist und die Tiere des Feldes Meine Gefährten sind, will Ich nicht klagen, sondern geduldig ausharren, wie jene mit Standhaftigkeit und Festigkeit Begabten durch die Kraft Gottes, des ewigen Königs und Schöpfers der Nationen, ausgeharrt haben. Gott will Ich Dank in allen Lebenslagen darbringen. Wir bitten, Er möge in Seiner Güte – gepriesen sei Er! – durch diese Kerkerhaft den Menschen die Nacken von Ketten und Fesseln befreien und sie mit aufrichtigem Angesicht sich Seinem Antlitz zuwenden lassen, Ihm, dem Mächtigen, dem Freigebigen. Er ist bereit, jedem zu antworten, der Ihn anruft, und Er ist denen nahe, die mit Ihm Umgang pflegen.

AN DIE FÜHRER AMERIKAS

O Herrscher in Amerika und Präsidenten seiner Republiken! Hört auf das, was die Taube auf dem Zweig der Ewigkeit singt: Es gibt keinen anderen Gott außer Mir, dem Selbstbestehenden, dem Vergebenden, dem Allgütigen. Schmückt den Tempel der Herrschaft mit der Zier der Gerechtigkeit und der Gottesfurcht und ihr Haupt mit der Krone des Gedenkens eures Herrn, des Schöpfers der Himmel. Dies rät euch der Tagesanbruch der Namen, wie es Ihm von dem Allwissenden, dem Allweisen befohlen wurde. Der Verheißene ist in dieser herrlichen Stufe erschienen, und alle Wesen, sichtbar und unsichtbar, freuten sich darüber. Nutzt den Tag Gottes. Wahrlich, Ihm zu begegnen ist besser für euch als alles, worauf die Sonne scheint – würdet ihr es doch erkennen. O Schar der Herrscher! Hört auf das, was vom Tagesanbruch der Größe laut geworden ist: Wahrlich, es gibt keinen Gott außer Mir, dem Herrn der Äußerung, dem Allwissenden. Helft dem Zerbrochenen mit der Hand der Gerechtigkeit und werft den überall tätigen Bedrücker mit der Rute der Gesetze eures Herrn, des Verordners, des Allweisen, nieder.

AN DIE GEWÄHLTEN VERTRETER

DES VOLKES IN ALLEN LÄNDERN

O ihr gewählten Volksvertreter in allen Ländern! Beratet miteinander und laßt euch nur das angelegen sein, was der Menschheit nützt und ihre Lage bessert — so ihr zu denen gehört, die achtsam prüfen. Betrachtet die Welt wie einen menschlichen Körper. Obwohl er bei seiner Erschaffung gesund und vollkommen war, ist er aus verschiedenen Ursachen von schweren Störungen und Krankheiten befallen worden. Keinen einzigen Tag lang wurde ihm Linderung zuteil, nein, im Gegenteil, sein Übel verschlimmerte sich, weil er in die Behandlung unwissender Ärzte fiel, die ihren persönlichen Wünschen nachgaben und sich schmählich irrten. Wenn einmal durch die Sorgfalt eines fähigen Arztes ein Glied des Körpers geheilt wurde, so blieb dennoch der übrige Teil so leidend wie zuvor. So unterrichtet euch der Allwissende, der Allweise.

Wir sehen ihn an diesem Tage der Gnade solcher Herrscher ausgeliefert, die, von Hochmut trunken, ihren eigenen wirklichen Vorteil nicht mehr deutlich wahrnehmen können, wieviel weniger eine so verwirrende und herausfordernde Offenbarung wie diese zu erkennen vermögen. Wenn je einer unter ihnen bestrebt gewesen ist, den Zustand jenes Körpers zu bessern, so lag sein Beweggrund, ob er es eingestand oder nicht, im eigenen Gewinn. Die Unwürdigkeit dieses Beweggrundes hat seine Heilkraft begrenzt.

Was der Herr als höchstes Mittel und mächtigstes Werkzeug für die Heilung der ganzen Welt bestimmt hat, ist die Vereinigung aller ihrer Völker in einer allumfassenden Sache, einem gemeinsamen Glauben. Dies kann nicht anders erreicht werden als durch die Kraft eines erfahrenen, allgewaltigen und erleuchteten Arztes. Wahrlich, das ist die Wahrheit und alles andere nichts als Irrtum.

AUFRUFE AN DIE RELIGIÖSEN FÜHRER DER WELT

AUFRUFE AN DIE RELIGIÖSEN FÜHRER DER WELT IN IHRER GESAMTHEIT

O Führer der Religion! Meßt das Buch Gottes nicht mit solchen Maßen und Wissenschaften, die euch geläufig sind, denn das Buch selbst ist die untrügliche Waage, die unter den Menschen aufgestellt worden ist. Auf dieser vollkommenen Waage soll alles gewogen werden, was die Völker und Geschlechter der Erde besitzen, während das Maß ihres Gewichtes nach ihrer Maßeinheit geprüft werden sollte – würdet ihr es doch erkennen!

Das Auge Meiner liebenden Güte weint bitterlich über euch, weil ihr den Einen nicht erkannt habt, nach dem ihr Tag und Nacht, abends und morgens, gerufen habt. O Menschen, schreitet mit blütenweißem Antlitz und strahlendem Herzen voran zu dem seligen, purpurnen Ort, in dem der Sadratu'l-Muntahá ruft: ‚Wahrlich, es ist kein Gott außer Mir, dem allmächtigen Beschirmer, dem Selbstbestehenden!'

O ihr Religionsführer! Wo ist einer unter euch, der sich an Sehkraft und Einsicht mit Mir messen könnte? Wo ist einer zu finden, der behaupten dürfte, Mir an Sprache oder Weisheit zu gleichen? Nein, bei Meinem Herrn, dem Allbarmherzigen! Alles auf Erden wird vergehen, dieses aber ist das Antlitz eures Herrn, des Allmächtigen, des Vielgeliebten.

Wir haben verordnet, ihr Menschen, daß das höchste und letzte Ziel aller Gelehrsamkeit sein soll, Ihn als Gegenstand alles Wissens zu erkennen; aber seht, wie ihr es dennoch eurer Gelehrsamkeit gestattet habt, euch wie durch einen Schleier von Ihm, dem Tagesanbruch dieses Lichtes, durch den alles Verborgene geoffenbart worden ist, zu trennen! Könntet ihr den Quell entdecken, woraus die Herrlichkeit dieser Sprache strömt, so würdet ihr die Völker der Welt und alles, was sie besitzen, verwerfen und euch um diesen gesegnetsten Thron der Herrlichkeit scharen!

Sprecht: Dies ist wahrlich der Himmel, in dem das Urbuch verwahrt wird – könntet ihr es doch verstehen! Er allein ließ den Felsen rufen und den Brennenden Busch auf dem das Heilige Land überragenden Berge seine Stimme erheben und verkünden: ‚Das Reich ist Gottes, des allerhöchsten Herrn, des Allmächtigen, des Liebenden!'

Wir haben weder eine Schule besucht noch eine eurer Abhandlungen gelesen. Neigt euer Ohr den Worten dieses Ungelehrten, womit Er euch vor Gott, den Ewigbestehenden, ruft! Dies ist für euch besser als alle Schätze der Erde. Könntet ihr es doch begreifen!

O Schar der Geistlichen! Als Meine Verse herabgesandt und Meine klaren Zeichen enthüllt wurden, fanden Wir euch hinter Schleiern. Dies, wahrlich, ist etwas Seltsames ... Wir haben die Schleier zerrissen. Hütet euch, daß ihr das Volk nicht durch noch einen anderen Schleier ausschließt. Zerbrecht die Ketten eitler Einbildungen im Namen des Herrn aller Menschen und gehört nicht zu den Betrügern. Solltet ihr euch Gott zuwenden und Seine Sache annehmen, so sät keine Unordnung in sie und meßt nicht das Buch Gottes mit euren selbstsüchtigen Wünschen. Wahrlich, dies ist Gottes Rat ehedem und immerdar ... Hättet ihr an Gott geglaubt, als Er sich offenbarte, so hätte sich das Volk nicht von Ihm abgewandt, noch hätte Uns das befallen, dessen ihr heute Zeuge seid. Fürchtet Gott und gesellt euch nicht zu den Achtlosen! ... Dies ist die Sache, die alle eure abergläubischen Meinungen und eure Götzenbilder ins Wanken brachte ... O Schar der Geistlichen! Hütet euch, zur Ursache des Streites im Lande zu werden, so wie ihr in seinen frühen Tagen zur Ursache der Zurückweisung des Glaubens wurdet. Sammelt das Volk um dieses Wort, das die Steine ausrufen ließ: ‚Das Reich ist Gottes, des Aufgangsortes aller Zeichen!' ... Zerreißt die Schleier in einer solchen Weise, daß es die Bewohner des Königreiches hören. Dies ist der Befehl Gottes in den vergangenen Tagen und für die kommenden. Gesegnet der Mensch, der befolgt, was ihm befohlen wurde, und wehe den Nachlässigen ...

O Schar der Geistlichen! Wie lange wollt ihr die Speere des Hasses auf das Antlitz Bahás richten? Zügelt eure Feder! Seht, die Erhabenste Feder spricht zwischen Erde und Himmel. Fürchtet Gott und folgt nicht euren Wünschen, die das Antlitz der Schöpfung entstellt haben! Reinigt eure Ohren, auf daß sie der Stimme Gottes lauschen. Bei Gott! Sie ist wie ein Feuer, das die Schleier verzehrt, und wie Wasser, das die Seelen all derer reinigt, die im Weltall sind ...

O Schar der Geistlichen! Kann sich einer von euch mit dem göttlichen Jüngling in der Arena der Weisheit und der Verkündung messen oder sich mit Ihm in den Himmel der inneren Bedeutung und der Auslegung erheben? Nein, bei Meinem Herrn, dem Gott der Barmherzigkeit! Alle wurden am heutigen Tage durch das Wort deines Herrn ohnmächtig. Sie sind sogar wie tot und leblos außer dem, den dein Herr, der Allmächtige, der Unbeschränkte, zu verschonen gewillt ist. Ein solcher Mensch gehört wahrlich zu den mit Erkenntnis Begabten in den Augen Dessen, der der Allwissende ist. Die Insassen des Paradieses und die Bewohner der geheiligten Stätten segnen ihn zur Abendzeit und zur Morgendämmerung. Kann einer mit Holzbeinen demjenigen Widerstand leisten, dessen Füße Gott aus Stahl gemacht hat? Nein, bei Ihm, der das All der Schöpfung erleuchtet! ...

Als Wir genau darauf achteten, entdeckten Wir, daß Unsere Feinde zum größten Teil Geistliche sind ... Unter dem Volke sind welche, die sagten: ‚Er hat die Geistlichen verworfen.' Sprich: ‚Ja, bei Meinem Herrn! Ich war gewißlich Der, welcher die Götzenbilder zerschlug.' ... Wahrlich, Wir haben die Posaune, die Unsere Erhabenste Feder ist, erschallen lassen, und siehe, die Geistlichen und die Gelehrten, die Doktoren und die Herrscher fielen betäubt nieder, ausgenommen solche, die Gott als Zeichen Seiner Gnade bewahrte, und Er, wahrlich, ist der Allgütige, der Urewige aller Tage ...

O Schar der Geistlichen! Werft eitle Phantasiegebilde und Einbildungen beiseite und wendet euch dann dem Horizonte der Gewißheit zu. Ich schwöre bei Gott: Alles, was ihr besitzt, wird euch nichts nützen, weder alle Schätze der Erde noch die Führerschaft, die ihr euch angeeignet habt. Fürchtet Gott und gehört nicht zu den Verlorenen! ... Sprich: O Schar der Geistlichen! Legt alle eure Schleier und Hüllen beiseite. Schenkt euer Ohr dem, wozu euch die Erhabenste Feder an diesem wunderbaren Tage ruft ... Die Welt ist durch eure eitlen Einbildungen mit Staub beladen, und die Herzen der Gott Nahen werden von eurer Grausamkeit gequält. Fürchtet Gott und gesellt euch zu denen, die gerecht urteilen …

O ihr Dämmerungsorte der Erkenntnis! Hütet euch davor, daß man euch ändere. Denn wenn ihr euch ändert, werden sich die meisten Menschen desgleichen ändern. Wahrlich, dies ist ein Unrecht an euch und an anderen … Ihr gleicht einer Quelle. Wenn sie sich verändert, werden die Ströme, die ihr entstammen, sich verändern. Fürchtet Gott und gesellt euch zu den Gottesfürchtigen! Wenn das Herz des Menschen verdorben wird, werden seine Glieder gleicherweise verdorben werden. Und ähnlich, wenn die Wurzel eines Baumes verdorben wird, so werden seine Äste, seine Triebe, seine Blätter und seine Früchte verdorben werden …

O Schar der Geistlichen! Seid ehrlich, Ich beschwöre euch bei Gott, und vernichtet nicht die Wahrheit durch die Dinge, die ihr besitzt. Prüft genau, was Wir in Wahrheit herabgesandt haben. Wahrlich, es wird euch helfen und wird euch Gott, dem Mächtigen, dem Großen, nahe bringen. Bedenkt und ruft euch ins Gedächtnis, wie das Volk Muḥammad, den Apostel Gottes, verleugnete, als Er erschien. Sie beschuldigten Ihn derart, daß der Geist (Jesus) auf Seiner Erhabensten Stufe wehklagte und der Geist des Glaubens aufschrie. Bedenkt weiter, was vor Ihm die Apostel und Gottgesandten durch die Hände der Ungerechten befallen hat. Wir erwähnen euch um Gottes willen, erinnern euch an Seine Zeichen und verkünden euch die Dinge, die denen verordnet sind, die Ihm im erhabensten Paradiese und im allerhöchsten

Himmel nahe sind. Wahrlich, Ich bin der Verkünder, der Allwissende. Er ist um eurer Erlösung willen gekommen und hat die Leiden ertragen, damit ihr auf der Leiter der Äußerungen zum Gipfel des Verstehens emporsteigen mögt ... Prüft mit Aufrichtigkeit und Gerechtigkeit, was herabgesandt wurde. Wahrlich, es wird euch durch die Wahrheit erhöhen und Dinge schauen lassen, die euch verschlossen waren, und es wird euch befähigen, Seinen perlenden Wein zu trinken ...

Jene Geistlichen ..., die wahrhaft mit dem Schmuck der Erkenntnis geziert sind und einen rechtschaffenen Charakter besitzen, sind wahrlich wie ein Haupt für den Körper der Welt und wie Augen für die Völker. Die Führung der Menschheit ist allezeit von diesen gesegneten Seelen abhängig gewesen und ist es noch ...

Der Geistliche, dessen Betragen rechtschaffen ist, und der Weise, der gerecht ist, sind wie der Geist für den Körper der Welt. Wohl dem Geistlichen, dessen Haupt mit der Krone der Gerechtigkeit geschmückt und dessen Tempel (Körper) mit dem Schmucke der Rechtschaffenheit geziert ist ...

Der Geistliche, der den heiligsten Wein im Namen des höchsten Verordners ergriffen und getrunken hat, ist wie ein Auge für die Welt. Wohl denen, die ihm gehorchen und seiner gedenken ...

Groß ist die Glückseligkeit jenes Geistlichen, der die Erkenntnis nicht zum Schleier werden ließ zwischen sich und dem Einen, der das Ziel aller Erkenntnis ist, und der, als der Selbstbestehende erschien, sich Ihm mit strahlendem Antlitz zugewandt hat. Er wird in Wahrheit zu den Gelehrten gezählt. Die Bewohner des Paradieses suchen die Segnung seines Odems, und seine Leuchte ergießt ihren Glanz über alle, die im Himmel und auf Erden sind. Wahrlich, er wird unter die Erben der Offenbarer gezählt. Wer ihn erschaut, hat fürwahr den Einen Wahren erschaut, und wer sich ihm zuwendet, hat sich fürwahr Gott zugewandt, dem Allmächtigen, dem Allweisen ...

O Schar der Geistlichen! Ihr werdet euch künftighin nicht mehr im Besitze irgendeiner Macht sehen, denn Wir haben sie von euch genommen und für solche bestimmt, die an Gott geglaubt haben, den Einen, den Allgewaltigen, den Allmächtigen, den Unbeschränkten.

AN PAPST PIUS IX.

O Papst! Zerreiße die Schleier! Er, der Herr der Herren, ist gekommen, von Wolken überschattet, und der Ratschluß ist erfüllt worden durch Gott, den Allmächtigen, den Unendlichen ... Wahrlich, Er ist wieder vom Himmel herniedergekommen, wie Er von dort zum ersten Male herniedergekommen war. Hüte dich, mit Ihm zu streiten, wie es die Pharisäer mit Ihm (Jesus) taten ohne ein klares Zeichen oder einen Beweis. Zu Seiner Rechten strömen die lebendigen Wasser der Gnade und zu Seiner Linken der auserlesene Wein der Gerechtigkeit, während vor Ihm die Engel des Paradieses einhergehen und das Banner Seiner Zeichen tragen. Hüte dich, daß dich nicht irgendein Name von Gott ausschließe, dem Schöpfer von Himmel und Erde. Lasse die Welt hinter dir und wende dich deinem Herrn zu, durch welchen die ganze Erde erleuchtet worden ist ... Wohnst du in Palästen, während Er, der König der Offenbarung, in der trostlosesten Behausung lebt? Überlasse sie denen, die sie begehren, und wende dein Antlitz mit Freude und Wonne dem Reiche Gottes zu ... Erhebe dich im Namen deines Herrn, des Gottes der Barmherzigkeit, inmitten der Völker der Erde und ergreife den Kelch des Lebens mit den Händen des Vertrauens; trinke du zuerst davon und biete ihn sodann solchen an, die sich Ihm inmitten der Völker allen Glaubens zuwenden ...

Rufe dir Ihn, den Geist (Jesus), ins Gedächtnis zurück, wie bei Seinem Kommen die Gelehrtesten Seiner Zeit in Seinem eigenen Lande das Urteil gegen Ihn fällten, während einer, der nur ein Fischer war, an Ihn glaubte. Gebt darum acht, ihr Menschen mit einsichtsvollen Herzen! Du bist in Wahrheit eine der Sonnen am Himmel Seiner Namen. Hüte dich, daß die Finsternis nicht ihre Schleier über dich breite und dich fernab von Seinem Lichte verhülle ... Betrachte jene, die sich dem Sohne (Jesus) widersetzten, als Er zu ihnen mit Macht und Herrschaft kam. Wie viele von den Pharisäern warteten darauf, Ihn zu schauen, und wehklagten, weil sie von Ihm getrennt waren! Und doch, als der Duft Seines Kommens über sie wehte und Seine Schönheit sich enthüllte, da wandten sie sich von Ihm ab und stritten mit Ihm ... Keiner, außer ganz wenigen, die jeglicher Macht bei den Menschen ermangelten, wandte sich Seinem Antlitz zu. Heute aber ist jeder mit Macht ausgestattete und mit Herrschaft bekleidete Mensch stolz auf Seinen Namen! Ebenso beachte, wie zahlreich heutzutage die Mönche sind, die sich in Meinem Namen in ihren Kirchen abgeschlossen haben und die, als die festgesetzte Zeit erfüllt war und Wir Unsere Schönheit enthüllten, Uns nicht erkannten, obwohl sie zur Abendzeit und zur Morgendämmerung nach Mir rufen ...

Das Wort, das der Sohn verbarg, ist offenbar geworden. Es wurde in Gestalt des Menschentempels am heutigen Tage herabgesandt. Gesegnet sei der Herr, welcher der Vater ist! Wahrlich, Er ist zu den Völkern in Seiner größten Majestät gekommen. Wende dein Angesicht Ihm zu, o Schar der Rechtschaffenen! ... Dies ist der Tag, da der Fels (Petrus) ausruft und jauchzt und den Lobpreis seines Herrn, des Allbesitzenden, des Höchsten, verherrlicht mit den Worten: ‚Seht, der Vater ist gekommen, und was euch verheißen ward in Seinem Reich ist erfüllt!' ... Mein Leib sehnt sich nach dem Kreuze, und Mein Haupt erwartet den Wurf des Speeres auf dem Pfade des Allbarmherzigen, auf daß die Welt von ihren Übertretungen geläutert werde ...

O höchster Priester! Neige dein Ohr dem zu, was der Gestalter modernden Gebeins dir rät, wie es von Ihm, der Sein Größter Name ist, verkündet wird. Verkaufe den reich verzierten Kirchenschmuck, den du besitzest, und opfere ihn auf dem Pfade Gottes, der die Nacht auf den Tag und den Tag auf die Nacht folgen läßt. Übergib dein Königreich den

Königen und tritt hervor aus deiner Wohnung, dein Angesicht zum Reich Gottes erhoben, dann verkünde, losgelöst von der Welt, das Lob deines Herrn zwischen Erde und Himmel. Dies gebot dir Er, der Besitzer aller Namen, von seiten deines Herrn, des Allmächtigen, des Allwissenden. Ermahne die Könige und sprich: ‚Verfahrt gerecht mit den Menschen. Hütet euch, die im Buche festgesetzten Grenzen zu überschreiten.' Dies, wahrlich, geziemt dir. Hüte dich, dir die Dinge der Welt und ihre Reichtümer anzueignen. Überlasse sie denen, die sie begehren, und halte fest an dem, was dir von Ihm, dem Herrn der Schöpfung, befohlen ist. Sollte irgend jemand dir alle Schätze der Erde anbieten, so gönne ihnen nicht einmal einen Blick. Sei so, wie dein Herr gewesen ist. Also hat die Zunge der Offenbarung ausgesprochen, was Gott zum Schmucke des Buches der Schöpfung gemacht hat... Sollte die Trunkenheit des Weines Meiner Verse dich überkommen, und solltest du dich entschließen, vor dem Throne deines Herrn, des Schöpfers von Himmel und Erde zu erscheinen, so mache Meine Liebe zu deinem Gewande, Meine Erwähnung zu deinem Schilde und dein Vertrauen auf Gott, den Offenbarer aller Macht, zu deiner Wegzehrung. Wahrlich, der Tag der Ernte ist gekommen, und alle Dinge sind voneinander geschieden worden. Er hat das, was Er wollte, in den Gefäßen der Gerechtigkeit verwahrt und hat ins Feuer geworfen, was diesem verfallen ist. So ist es von deinem Herrn, dem Mächtigen, dem Liebevollen, an diesem verheißenen Tage beschlossen worden. Wahrlich, Er verordnet, was Ihm gefällt. Es gibt keinen anderen Gott außer Ihm, dem Allmächtigen, dem Allbezwingenden.

AN DIE GEISTLICHKEIT UND DIE ANHÄNGER DER VERSCHIEDENEN RELIGIONEN

Einmal wenden Wir Uns an das Volk der Thora und laden es vor Ihn, den Offenbarer von Versen, der gekommen ist von Dem, der die Nacken der Menschen beugt ... Ein anderes Mal wenden Wir Uns an das Volk des Evangeliums und sprechen: ‚Der Allherrliche ist gekommen in diesem Namen, durch den der Odem Gottes über alle Bereiche wehte.' ... Und wieder ein anderes Mal wenden Wir Uns an das Volk des Qur'án und sagen: ‚Fürchtet den Allbarmherzigen und verspottet nicht Ihn, durch den alle Religionen begründet wurden.' ... Wisse des weiteren, daß Wir an die Magier (Zoroastrier) Tablets gerichtet und sie mit Unserem Gesetze geschmückt haben ... Wir haben darin das Wesen aller in ihren Büchern enthaltenen Hinweise und Gleichnisse geoffenbart. Wahrlich, der Herr ist der Allmächtige, der Allwissende.

Rufe aus gen Zion, o Karmel, und künde die frohe Botschaft: Er, der den sterblichen Augen verborgen war, ist gekommen! Seine allbezwingende Herrschaft ist offenbar, Sein allumfassender Glanz enthüllt worden. Hüte dich nun, daß du nicht zögerst oder schwankst. Eile und umschreite die Stadt Gottes, die vom Himmel herabkam, die himmlische Kaaba, die die Begünstigten Gottes, die Reinen im Herzen und die Gesellschaft der erhabensten Engel in Anbetung umschritten. O, wie sehne Ich Mich danach, die frohe Botschaft dieser Offenbarung an jeder Stelle des Erdkreises zu verkünden und sie in jede seiner Städte zu tragen, eine Botschaft, die das Herz des Sinai angezogen und in deren Namen es aus dem Brennenden Busch ruft: ‚Gottes, des Herrn der Herren, sind die Reiche der Erde und des Himmels.' Wahrlich, dies ist der Tag, an dem Land und Meer über diese Verkündigung frohlocken, der Tag, für den aufbewahrt wurde, was Gott aus einer jenseits der Fassungskraft des sterblichen Verstandes und Herzens liegenden Großmut zu offenbaren auserkor. Bald wird Gott Seine Arche auf dich zusteuern und das Volk Bahás ankündigen, das im Buch der Namen erwähnt ist.

Das Größte Gesetz ist gekommen, und die Urewige Schönheit herrscht auf dem Throne Davids. So hat Meine Feder gesprochen, was die Chroniken vergangener Zeitalter berichtet haben. Heute aber ruft David laut und spricht: ‚O mein liebreicher Herr! Zähle Du mich zu denen, die standhaft geblieben sind in Deiner Sache, o Du, durch den die Angesichter erleuchtet wurden und die Schritte gestrauchelt sind!'

Der Odem wurde ausgesandt, und der Windhauch hat geweht, und von Zion ist erschienen, was verborgen war, und von Jerusalem ist die Stimme Gottes, des Einen, des Unvergleichlichen, des Allwissenden, gehört worden ...

Lausche dem Gesang Davids. Er sagt: ‚Wer wird mich in die feste Stadt bringen?' Die feste Stadt ist 'Akká, welches das Größte Gefängnis genannt wurde und welches eine Festung und mächtige Wälle besitzt ...

Lies genau, was Jesaja in seinem Buche gesprochen hat. Er sagt: ‚Steige auf den hohen Berg, o Zion, die du frohe Botschaften bringest; erhebe deine Stimme mit Macht, o Jerusalem, die du frohe Botschaften bringest. Erhebe sie und fürchte dich nicht. Sprich unter den Städten Judas: Schauet auf euren Gott! Sehet, der Herr Gott wird kommen mit starker Hand und Sein Arm soll für Ihn herrschen.' Heute sind alle Zeichen erschienen. Eine große Stadt ist vom Himmel herabgestiegen und Zion bebt und jubelt vor Freude über die Offenbarung Gottes, denn er hat die Stimme Gottes auf allen Seiten vernommen.

O Schar der Christen! Wir haben Uns euch schon zu einem früheren Zeitpunkt offenbart, und ihr habt Mich nicht erkannt. Dies ist noch einmal eine günstige Gelegenheit, die euch gewährt wird. Dies ist der Tag Gottes, wendet euch Ihm zu ... Der Geliebte wünscht nicht, daß ihr vom Feuer eurer Leidenschaften verzehrt werdet. Wäret ihr von Ihm wie durch einen Schleier getrennt, so wäre dies aus keinem anderen Grunde als eurer eigenen Widerspenstigkeit und Unwissenheit. Ihr erwähnt Mich und kennt Mich doch nicht. Ihr ruft Mich an, aber ihr achtet nicht auf Meine Offenbarung ... O Völker des Evangeliums! Sie, die nicht im Königreich waren, sind jetzt eingetreten, während Wir euch an diesem Tage zögernd am Tore stehen sehen. Zerreißt die Schleier durch die Kraft eures Herrn, des Allmächtigen, des Allgütigen, und tretet dann in Meinem Namen ein in Mein Königreich. So befiehlt euch Er, der euch ewiges Leben wünscht ... O Kinder des Königreiches! Wir sehen euch in Finsternis. Wahrlich, dies geziemt euch nicht. Habt ihr angesichts des Lichtes Furcht wegen eurer Taten? Wendet euch Ihm zu ... Wahrlich, Er (Jesus) sagte: ‚Folget Mir nach, und Ich will euch zu Menschenfischern machen.' Am heutigen Tage jedoch sagen Wir: ‚Folget Mir nach, auf daß Wir euch zu Lebensspendern der Menschheit machen.'

Wahrlich, Wir sind um euretwillen gekommen und haben die Trübsal der Welt um eurer Rettung willen getragen. Flieht ihr Den, der Sein Leben aufopferte, damit ihr belebt werdet? Fürchtet Gott, o ihr Anhänger des Geistes (Jesus), und wandelt nicht in den Fußstapfen eines jeden Geistlichen, der weit in die Irre gegangen ist ... Öffnet die Türen eurer Herzen. Wahrlich, Er, der Geist (Jesus), steht davor. Warum haltet ihr euch fern von Ihm, der euch zu einer strahlenden Höhe bringen will? Sprich: Wahrlich, Wir haben euch die

Pforten des Königreiches geöffnet. Wollt ihr vor Meinem Antlitz die Türen eurer Häuser verriegeln? Wahrlich, dies ist nichts als ein schmerzlicher Irrtum.

O Schar der Patriarchen! Er, der euch in den Schriften verheißen wurde, ist gekommen. Fürchtet Gott und folgt nicht den eitlen Einbildungen der Abergläubischen. Legt die Dinge, die ihr besitzt, beiseite und haltet euch am Tablet Gottes durch Seine höchste Macht fest. Dies ist besser für euch als alle eure Besitztümer. Dies bezeugt jedes verständige Herz und jeder einsichtsvolle Mensch. Seid ihr stolz auf Meinen Namen und sondert euch doch von Mir ab wie mit einem Schleier? Wahrlich, das ist seltsam.

O Schar der Erzbischöfe! Er, der Herr aller Menschen, ist erschienen. Auf dem Felde der Führung ruft Er die Menschheit, während ihr zu den Toten gezählt werdet! Groß ist die Glückseligkeit dessen, der durch Gottes Hauch erweckt wird und in diesem klaren Namen von den Toten aufersteht.

O Schar der Bischöfe! Furcht hat alle Geschlechter der Erde ergriffen, und Er, der ewige Vater, ruft laut zwischen

Erde und Himmel. Gesegnet das Ohr, das gehört hat, und das Auge, das gesehen hat, und das Herz, das sich Ihm zugewandt hat, dem Punkte der Anbetung aller, die in den Himmeln und auf Erden sind ... O Schar der Bischöfe! Ihr seid die Sterne des Himmels Meiner Erkenntnis. Meine Barmherzigkeit wünscht nicht, daß ihr auf die Erde fallt. Meine Gerechtigkeit aber erklärt: ‚Dies ist, was der Sohn (Jesus) bestimmt hat.' Und was immer aus Seinem untadeligen, die Wahrheit sprechenden, glaubwürdigen Munde kam, kann niemals geändert werden. Wahrlich, die Glocken verkünden Meinen Namen und wehklagen über Mich, aber Mein Geist jubelt in offenkundiger Freude. Der Körper des Geliebten sehnt sich nach dem Kreuz, und Sein Haupt begehrt den Speer auf dem Pfade des Allbarmherzigen. Die Gewalt des Unterdrückers kann Ihn in keiner Weise von Seinem Ziel abhalten. ... Die Sterne am Himmel der Erkenntnis sind gefallen, sie, die ihre Beweise anführen, um die Wahrheit Meiner Sache zu beweisen, und die von Gott in Meinem Namen reden. Als Ich zu ihnen in Meiner Majestät kam, wandten sie sich dennoch von Mir ab. Wahrlich, sie gehören zu den Gefallenen. Das ist es, was der Geist (Jesus) weissagte, als Er in der Wahrheit kam und Ihn die jüdischen Gelehrten schmähten, bis sie begingen, was den Heiligen Geist wehklagen und die Augen derer, die Gott nahe sind, weinen ließ.

O Schar der Priester! Laßt die Glocken und kommt dann aus euren Kirchen. Es geziemt euch, an diesem Tage den Größten Namen laut unter den Völkern zu verkünden. Zieht ihr vor, stille zu sein, während jeder Stein und jeder Baum laut aufjauchzt: ‚Der Herr ist in Seiner größten Herrlichkeit gekommen!' ... Er, der die Menschen in Meinem Namen versammelt, ist wahrlich von Mir und wird verkünden, was die Macht aller übersteigt, die auf Erden sind ... Laßt den Odem Gottes euch erwecken. Wahrlich, er hat über die Welt geweht. Wohl dem, der seinen Duft empfunden hat und unter die ganz Sicheren gezählt worden ist! ...

O Schar der Priester! Der Tag der Abrechnung ist gekommen, der Tag, da Er, der im Himmel war, erschienen ist. Wahrlich, Er ist der Eine, der euch verheißen wurde in den Büchern Gottes, des Heiligen, des Allmächtigen, des Allgepriesenen. Wie lange werdet ihr in der Wildnis der Achtlosigkeit und des Aberglaubens wandern? Wendet euch mit euren Herzen eurem Herrn zu, dem Vergebenden, dem Großmütigen.

O Schar der Mönche! Schließt euch nicht ab in Kirchen und Klöstern. Kommt mit Meiner Erlaubnis hervor und befaßt euch mit dem, was euren Seelen und den Seelen der Menschen nützen wird. Dies befiehlt euch der König des Tages der Abrechnung. Schließt euch in die Feste Meiner Liebe ein. Wahrlich, dies ist eine angemessene Abgeschlossenheit – wäret ihr doch unter denen, die dies wahrnehmen. Wer sich in einem Haus abschließt, ist fürwahr wie ein Toter. Es geziemt dem Menschen, das aufzuweisen, was allem Erschaffenen Nutzen bringt; und wer keine Frucht hervorbringt, der taugt für das Feuer. Solches rät euch euer Herr, und Er, wahrlich, ist der Allmächtige, der Allgütige. Schließt die Ehe, damit nach euch ein anderer euren Platz ausfüllen möge. Wir haben euch treulose Taten verboten, nicht aber das, was Treue beweisen wird. Habt ihr euch an die Normen geklammert, die euer eigenes Selbst aufgestellt hat, und das Richtmaß Gottes von euch geworfen? Fürchtet Gott und gesellt euch nicht zu den Narren. Wenn nicht der Mensch, wer könnte Mich auf Meiner Erde erwähnen, und wie könnten Meine Merkmale und Mein Name geoffenbart worden sein? Denkt darüber nach und gehört nicht zu denen, die verhüllt sind und fest schlafen. Er, der nicht heiratete (Jesus), fand keinen Platz, wo Er wohnen oder Sein Haupt niederlegen konnte um dessentwillen, was die Hände der Verräter Ihm angetan haben. Seine Heiligkeit besteht nicht in dem, was ihr glaubt oder euch einbildet, sondern vielmehr in dem, was Wir besitzen. Bittet, auf daß ihr Seine Stufe begreifen möget, die erhöht wurde über die Vorstellung aller, die auf Erden wohnen. Gesegnet sind, die dies verstehen ...

O Schar der Mönche! Wenn ihr Mir folgen werdet, dann werde Ich euch zu Erben Meines Königreiches machen. Und wenn ihr gegen Mich fehlt, so werde Ich es in Meiner Langmut geduldig ertragen, denn Ich bin wahrlich der Ewigvergebende, der Allbarmherzige ... Bethlehem ist in Bewegung durch den Odem Gottes. Wir hören seine Stimme sprechen: ‚O großmütiger Herr! Wo ist Deine große Herrlichkeit aufgerichtet? Die süßen Düfte Deiner Gegenwart haben mich erquickt, nachdem ich durch meine Trennung von Dir verzagt war. Gepriesen seist Du, daß Du die Schleier gehoben hast und mit Macht in offenbarer Herrlichkeit gekommen bist.‘ Wir riefen ihm zu aus dem Heiligtum der Hoheit und Größe: ‚O Bethlehem! Dieses Licht ist im Osten aufgegangen und nach dem Westen gezogen, bis es dich am Abend seines Lebens erreicht hat. So sage Mir: Erkennen die Söhne den Vater und anerkennen sie Ihn, oder verleugnen sie Ihn, wie Ihn (Jesus) ehemals das Volk verleugnete?‘ Darauf schrie es auf und sprach: ‚Du bist in Wahrheit der Allwissende, der Bestunterrichtete.‘

Bedenkt gleicherweise, wie zahlreich heutzutage die Mönche sind, die sich in den Kirchen in Meinem Namen abgeschlossen haben und die, als die festgesetzte Zeit gekommen war und Wir ihnen Unsere Schönheit enthüllten, verfehlten, Mich zu erkennen, obwohl sie nach Mir in der Morgendämmerung und zur Abendzeit rufen ...

Lest ihr das Evangelium ... und weigert euch dennoch, den allherrlichen Herrn anzuerkennen? Wahrlich, dies geziemt dir nicht, o Schar gelehrter Männer! ... Die Düfte des Allbarmherzigen haben über alle Schöpfung geweht. Glücklich der Mensch, der seinen Wünschen entsagt und an der Führung festgehalten hat.

Habt ihr nicht den Qur'án gelesen? Lest ihn, damit ihr die Wahrheit erkennen möget, denn dieses Buch ist wahrhaftig der gerade Pfad. Es ist der Weg Gottes für alle, die in den Himmeln und auf der Erde sind. Habt ihr den Qur'án nicht beachtet, so könnt ihr doch nicht den Bayán als euch ferne ansehen. Offen ist er vor euren Augen! Lest seine Verse, damit ihr vielleicht davon absteht, das zu tun, was die Boten Gottes trauern und wehklagen läßt.

Eilt hervor aus euren Gräbern! Wie lange noch wollt ihr schlafen? Zum zweitenmal ist die Posaune erschallt. Auf wen schaut ihr? Dies ist euer Herr, der Gott des Erbarmens. Seht selbst, wie ihr Seine Zeichen verleugnet! Die Erde hat mit gewaltigem Beben gezittert und ihre Last von sich geworfen. Wollt ihr es nicht gestehen? Sprich: Wollt ihr nicht erkennen, daß die Berge wie Wollflocken wurden, daß die Menschen vor der ehrfurchtgebietenden Erhabenheit der Sache Gottes schlimm in Bedrängnis gerieten? So bezeugt denn, daß ihre Häuser leere Trümmer und sie selbst ein erstickter Schwarm sind.

Dies ist der Tag, da der Allerbarmer in den Wolken des Wissens mit sichtbarer Herrschaft bekleidet herabkam. Er weiß sehr wohl um das Tun der Menschen, und niemand vermag, Seine Herrlichkeit zu mißdeuten, könntet ihr es doch begreifen! Die Himmel aller Religionen wurden gespalten, die Erde menschlichen Begreifens klafft auseinander, und ihr seht die Engel Gottes herniedersteigen. Sprich: Dies ist der Tag, da sie sich gegenseitig betrügen, wohin willst du entfliehen? Die Berge sind dahingesunken, und die Himmel wurden zusammengefaltet, das ganze Erdenrund ist in Seiner Hand, vermöchtet ihr nur, dies zu verstehen. Wer ist es, der euch zu schützen vermöchte? Niemand, bei Ihm, der der Allbarmherzige ist! Niemand, außer Gott, dem Allmächtigen, dem Allherrlichen, dem Wohltätigen. Jedes Weib, das eine Last unter dem Herzen trug, hat sie ausgestoßen. Wir sehen die Männer trunken an diesem Tag, dem Tag, an welchem Menschen und Engel miteinander versammelt wurden.

Bleibt da noch irgendein Zweifel über Gott? Sieh, wie Er vom Himmel Seiner Gnade herabgefahren ist, gegürtet mit Macht und mit Herrschaft bekleidet! Ist irgendein Zweifel an Seinen Zeichen? Öffnet eure Augen und seht Seinen klaren Beweis. Zu eurer Rechten ist euch das Paradies nahe gebracht, während zugleich die Hölle entfacht wurde. Schaut ihre fressende Flamme! Eilt, daß ihr in das Paradies kommt, als Zeichen Unserer Gnade für euch, und trinkt aus den Händen des Allbarmherzigen den Wein, der wahres Leben bedeutet.

Bei Ihm, der großen Offenbarung! Der Allbarmherzige ist mit unbezweifelbarer Herrschaft gekommen. Die Waage ist bereit, und alle auf der Erde wurden versammelt. Der Posaunenruf ist erschallt, und siehe, die Augen aller sind erstarrt vor Entsetzen, und die Herzen aller in den Himmeln und auf der Erde haben gebebt, mit Ausnahme derer, die der Hauch der göttlichen Verse mit neuem Leben erfüllt hat und die sich von allem lösten.

Dies ist der Tag, da die Erde ihre Botschaft kundtut. Die Übeltäter sind ihr zur Last – vermöchtet ihr es zu erkennen! Der Mond der eitlen Einbildung ist gespalten, und der Himmel hat sich sichtlich umzogen. Wir sehen das Volk zu Boden geworfen, voller Angst vor deinem Herrn, dem Allmächtigen, dem Machtvollen. Der Rufer hat gerufen, und die Menschen wurden hinweggerafft, so groß war die Kraft Seines Zornes. Das Volk zur Linken jammert und seufzt, während das Volk zur Rechten in herrlichen Wohnungen weilt. Es empfängt aus den Händen des Allbarmherzigen den Wein, der in Wahrheit Leben bedeutet, und ist wahrhaft selig.

Die Erde wurde geschüttelt, die Gebirge verschwanden, und die Engel sind Reihe um Reihe vor Uns erschienen. Die meisten Menschen wurden in ihrer Trunkenheit verwirrt und tragen auf ihren Gesichtern die Zeichen des Zornes. Also haben Wir die Missetäter versammelt. Wir sehen sie, wie sie sich auf ihre Trugbilder stürzen. Sprich: Niemand wird an diesem Tage vor Gottes Ratschluß sicher sein. Dieser Tag ist in der Tat ein Tag des Schreckens. Wir zeigen ihnen die, die sie verführt haben, und sie sehen sie und erkennen sie doch nicht, denn ihre Augen sind trunken. Sie sind wahrlich ein blindes Volk. Ihre Beweise sind die Verleumdungen, die sie geäußert haben. Verdammt sind ihre Verleumdungen vor Gott, dem Helfer in Gefahr, dem Selbstbestehenden. Der Böse hat in ihren Herzen Unheil angestiftet, und sie wurden von einer Qual befallen, die keiner von ihnen abwenden kann. Sie eilen zu den Gottlosen und mehren die Übeltäter. Dies sind ihre Taten.

Sprich: Die Himmel wurden zusammengefaltet, und die Erde ist in Seinem Griff, die Verderbten wurden bei ihrem Stirnhaar erfaßt, und noch immer verstehen sie nicht. Sie trinken vom verfaulten Wasser und wissen es nicht. Sprich: Der Ruf ist erklungen, und die Menschen sind aus ihren Gräbern hervorgekommen und schauen auferstehend um sich. Einige von ihnen haben sich beeilt, um in den Hof des Gottes des Erbarmens zu kommen, andere sind im Höllenfeuer auf ihr Antlitz gefallen, während sich wieder andere bestürzt verloren haben. Die Verse Gottes wurden enthüllt, und doch haben sie sich von ihnen abgewendet. Sein Beweis ist erbracht, und doch beachten sie ihn nicht. Wenn sie das Angesicht des Allerbarmenden sehen, wird ihr eigenes Gesicht trüb, während sie sich unbesorgt tummeln. Sie eilen dem Feuer der Hölle zu und halten es für Licht. Ferne sei von Gott, was sie gerne erträumen! Sprich: Ob ihr euch freut oder im Zorn vergeht, die Himmel sind gespalten, und Gott ist herabgefahren, ausgestattet mit strahlender Herrschaft. Alles Erschaffene ruft vernehmbar: ‚Gottes ist das Reich, des Allmächtigen, des Allwissenden, des Allweisen!'

O Schar persischer Geistlicher! In Meinem Namen habt ihr die Zügel der Macht über die Menschen ergriffen, und durch eure Beziehung zu Mir nehmt ihr die Ehrensitze ein. Als Ich Mich aber offenbarte, wandtet ihr euch ab und begingt, was die Tränen derer, die Mich erkannten, fließen ließ. Binnen kurzem wird alles, was ihr besitzt, zugrunde gehen, und euer Ruhm wird sich in jämmerlichste Erniedrigung verwandeln, und ihr werdet die Strafe sehen für das, was ihr getan habt, wie es von Gott, dem Verordner, dem Allweisen, beschlossen wurde.

O ihr Geistlichen der Stadt! Wir kamen zu euch mit der Wahrheit, ihr aber achtetet ihrer nicht. Mich dünkt, ihr gleicht Toten, eingewickelt in die Hüllen eures eigenen Selbstes. Ihr suchtet nicht Unsere Gegenwart, als dies zu tun besser für euch gewesen wäre als alle eure Taten ... So wißt: Wenn eure Führer, denen ihr Treue schuldet, auf die ihr stolz seid, die ihr bei Tag und Nacht erwähnt und in deren Fußspuren ihr Führung sucht –, wenn sie in diesen Tagen gelebt hätten, so wären sie um Mich gewesen und hätten sich nimmer von Mir getrennt, weder am Abend noch am Morgen. Ihr jedoch wandtet euer Antlitz, auch nicht für einen einzigen Augenblick, Meinem Antlitz zu, und ihr wurdet hochmütig und achtetet nicht auf diesen Mißhandelten, der von den Menschen so gequält wurde, da sie mit Ihm verfuhren, wie es ihnen beliebte. Ihr habt es unterlassen, über Meine Lage nachzuforschen, auch unterrichtetet ihr euch nicht über das, was Mir zustieß. Dadurch habt ihr das Wehen der Heiligkeit und die Lüfte der Güte, die von diesem leuchtenden und sichtbaren Orte ausgehen, von euch abgehalten. Mich dünkt, ihr habt euch an Äußerlichkeiten gehängt und das Innere vergessen, und ihr sagt, was ihr nicht tut. Ihr liebt Namen und scheint euch ihnen ganz hingegeben zu haben. Aus diesem Grunde erwähnt ihr die Namen eurer Führer. Und würde irgendeiner wie sie, oder ein Besserer als sie, zu euch kommen, so würdet ihr ihn fliehen. Durch jene Namen habt ihr euch erhöht und euch eure Stellung gesichert, und ihr lebt und gedeiht durch sie. Und würden eure Führer wieder erscheinen, so würdet ihr weder auf eure Führerschaft verzichten, noch würdet ihr euch ihnen zuwenden oder euer Antlitz auf sie richten. Wir fanden, daß ihr, wie die meisten Menschen, Namen anbetet, die sie alle Tage ihres Lebens erwähnen und mit denen sie sich befassen. Kaum jedoch erscheinen die Träger dieser Namen, da verwerfen sie sie und kehren ihnen den Rücken ... Wißt, daß Gott an diesem Tage weder eure Gedanken annehmen wird noch euer Gedenken an Ihn, auch nicht eure

Haltung Ihm gegenüber, eure Andachtsübungen und eure Wachsamkeit, es sei denn, ihr werdet neuerschaffen in der hohen Achtung diesem Diener gegenüber – könntet ihr es doch begreifen.

Um euretwillen klagte der Apostel (Muḥammad), und die Reine (Fáṭimih) schrie auf, und die Länder wurden verwüstet, und Finsternis fiel auf alle Regionen. O Schar der Geistlichen! Um euretwillen wurde das Volk erniedrigt, das Banner des Islám niedergeholt und sein mächtiger Thron umgestürzt. Jedesmal, wenn ein Mensch mit Verstand an dem festzuhalten suchte, was den Islám erhöhen würde, habt ihr ein Geschrei erhoben, und dadurch wurde er verhindert, seinen Plan auszuführen, während das Land offensichtlich dem Verderben preisgegeben war.

Von allen Völkern der Welt ist dasjenige, das den größten Verlust erlitten hat, das Volk Persiens gewesen und ist es noch. Ich schwöre bei der Sonne der Äußerungen, die in ihrem Mittagsglanze auf die Welt scheint! Das Wehklagen der Kanzeln in diesem Lande ertönt immerfort. Schon in den ersten Tagen wurden solche Wehklagen im Lande Ṭá (Ṭihrán) gehört, denn Kanzeln, die zur Erwähnung des Einen Wahren errichtet wurden – erhaben sei Seine Herrlichkeit – sind jetzt in Persien zu Orten geworden, von denen aus Lästerungen gegen Ihn, die Sehnsucht der Welt, ausgesprochen werden.

An diesem Tage ist die Welt mit den Wohlgerüchen vom Gewande der Offenbarung des altehrwürdigen Königs erfüllt ..., und doch haben sie (die Geistlichen) sich versammelt und sich auf ihren Sitzen breitgemacht und gesprochen, was ein Tier Scham empfinden ließe, wieviel mehr noch den Menschen selbst. Würden sie sich einer ihrer Taten bewußt werden und das Unheil erkennen, das sie angerichtet haben, so würden sie sich mit eigener Hand zu ihrem endgültigen Wohnort befördern.

O Schar der Geistlichen! ... Legt beiseite, was ihr besitzt, haltet Frieden und hört sodann auf das, was die Zunge der Größe und Erhabenheit spricht. Wie viele verschleierte Dienerinnen wandten sich Mir zu und glaubten, und wie viele Turbanträger waren von Mir ausgeschlossen und folgten den Fußstapfen vergangener Geschlechter!

O Hohepriester! Ohren sind euch gegeben worden, damit sie dem Geheimnis Dessen, welcher der Selbstbestehende ist, lauschen, und Augen, damit sie Ihn erschauen. Wovor flieht ihr? Der unvergleichliche Freund ist offenbar. Er spricht Worte, in denen Erlösung ruht. O Hohepriester! Würdet ihr den Duft vom Rosengarten des Verstehens wahrnehmen, so würdet ihr keinen anderen außer Ihm suchen, und ihr würdet den Allweisen und Unvergleichlichen in Seinem neuen Gewande entdecken und eure Augen von der Welt und von allen, die sie suchen, abwenden, und euch erheben, Ihm zu helfen ...

Was immer in den Büchern verkündet wurde, ist enthüllt und erklärt worden. Überall wurden die Zeichen geoffenbart. Der Allmächtige ruft an diesem Tage und kündet das Erscheinen des Erhabensten Himmels an ...

Dies ist nicht der Tag, an dem die Hohepriester noch befehlen und ihre Amtsgewalt ausüben können. In eurem Buche ist dargelegt, daß die Hohepriester an jenem Tage die Menschen irreführen und daran hindern werden, Ihm zu nahen. Wahrlich, nur der ist ein Hoherpriester, der das Licht geschaut hat und auf dem Wege vorangeeilt ist, der zu dem Geliebten führt ...

Sprecht, o Hohepriester! Die Hand der Allmacht ist aus den Wolken hervor ausgestreckt. Betrachtet sie mit neuen Augen. Die Zeichen Seiner Erhabenheit und Größe sind enthüllt. Blickt auf sie mit reinen Augen ... Sprecht, o Hohepriester! Ihr genießt Verehrung um Meines Namens willen und doch flieht ihr Mich. Ihr seid die Hohepriester des Tempels. Wäret ihr die Hohepriester des Allmächtigen gewesen, so wäret ihr mit Ihm vereint worden und ihr hättet Ihn erkannt ... Sprecht, o Hohepriester! Keines Menschen Taten werden angenommen werden an diesem Tage, es sei denn, er entsage der Menschheit und allem, was Menschen besitzen, und wende sein Antlitz dem Allmächtigen zu.

DIE GROSSE VERKÜNDIGUNG AN DIE MENSCHHEIT

Die den Völkern und Geschlechtern der Erde vorherbestimmte Zeit ist nun gekommen. Die Verheißungen Gottes, wie sie die Heiligen Schriften überliefert haben, sind alle erfüllt. Aus Zion ist Gottes Gesetz hervorgegangen, und Jerusalem mit seinen Hügeln und seinem Land ist voll der Herrlichkeit Seiner Offenbarung. Selig, wer in seinem Herzen bewegt, was in den Büchern Gottes, des Helfers in Gefahr, des Selbstbestehenden, geoffenbart ist. Sinnt darüber nach, o ihr Geliebten Gottes, und lauscht Seinem Worte, damit ihr euch durch Seine Gunst und Gnade aus den kristallenen Wassern der Beständigkeit satt trinkt und in Seiner Sache so unerschütterlich wie die Berge werdet.

Wahrlich, Ich sage: Dies ist der Tag, da das Menschengeschlecht das Angesicht des Verheißenen schauen und Seine Stimme vernehmen wird. Gott hat Seinen Ruf erhoben, und das Licht Seines Antlitzes ist über den Menschen aufgegangen. Es ziemt einem jeden, die Spuren aller eitlen Worte von der Tafel seines Herzens zu löschen und mit offenen, unvoreingenommenen Sinnen auf die Merkmale Seiner Offenbarung, die Beweise Seiner Sendung und die Zeichen Seines Glanzes zu schauen.

Groß fürwahr ist dieser Tag! Die Andeutungen aller Heiligen Schriften als dem ‚Tag Gottes' zeugen von seiner Größe. Die Seele jeder Manifestation Gottes und jedes göttlichen Boten hat nach diesem wunderbaren Tag gedürstet, und die mannigfachen Geschlechter der Erde haben sich danach gesehnt, ihn zu erreichen. Doch kaum hatte sich der Morgenstern Seiner Offenbarung am Himmel des Willens

Gottes kundgetan, wurden alle außer jenen, die der Allmächtige zu führen beliebte, als stumm und nachlässig befunden.

O du, der du dich Meiner erinnert hast! Der dichteste Schleier hat die Völker der Erde von Seiner Herrlichkeit getrennt und sie gehindert, Seinem Ruf zu lauschen. Gott gebe, daß das Licht der Einheit die gesamte Erde umleuchte und daß das Siegel des ‚Das Reich ist Gottes' allen ihren Völkern auf die Stirn gedrückt werde.

O ihr Menschenkinder! Die grundlegende Absicht, die den Glauben Gottes und Seine Religion beseelt, ist, die Belange der menschlichen Rasse zu schützen, ihre Einheit zu fördern und den Geist der Liebe und Kameradschaft unter den Menschen zu pflegen. Laßt sie nicht zu einem Quell der Uneinigkeit und des Mißklangs, des Hasses und der Feindschaft werden. Dies ist der rechte Pfad, die festgelegte und unverrückbare Grundlage. Was sich auf dieser Grundlage erhebt, kann durch die Wechselfälle der Welt niemals in seiner Kraft geschwächt werden, noch können die Umwälzungen zahlloser Jahrhunderte seinen Bau untergraben. Unsere Hoffnung ist, daß sich die religiösen Führer der Welt und ihre Herrscher vereint für die Neugestaltung dieses Zeitalters und die Wiederherstellung seines Friedens erheben mögen. Laßt sie, nachdem sie über seine Nöte nachgedacht haben, zusammen beratschlagen und in bedachtsamer und voller Überlegung einer kranken und schwer heimgesuchten Welt das Heilmittel darreichen, das sie erheischt... Es geziemt denen, die an der Macht sind, Mäßigung in allen Dingen zu üben. Wer die Grenzen der Mäßigung überschreitet, wird aufhören, einen wohltätigen Einfluß auszuüben. Betrachtet zum Beispiel solche Dinge, wie Freiheit, Zivilisation und dergleichen mehr. Wie günstig verständige Menschen sie auch anschauen mögen, so werden sie doch, im Übermaß, einen verderblichen Einfluß auf die Menschen ausüben ... So Gott will, werden die Völker der Welt als Ergebnis der hohen Bemühungen ihrer Herrscher und der Weisen und Gelehrten unter den Menschen dahin geführt werden, ihr wahres Wohl zu erkennen. Wie lange wird die Menschheit in ihrem Eigensinn verharren und Ungerechtigkeit fortbestehen? Wie lange sollen Chaos und Verwirrung unter den Menschen herrschen und Uneinigkeit das Antlitz der Gesellschaft zerwühlen? Die Winde der Verzweiflung wehen aus jeder Richtung, und der Hader, der die menschliche Rasse zerspaltet und peinigt, nimmt täglich zu. Die Zeichen drohender Schwäche und des nahen Chaos sind heute zu erkennen, da die bestehende Ordnung bejammernswert unvollkommen erscheint. Ich flehe zu Gott – erhaben sei Seine Herrlichkeit –, daß Er die Völker der Welt gnädig erwecke, ihnen gewähre, daß das Ergebnis ihres Verhaltens nutzbringend für sie sei, und ihnen helfe, das zu vollbringen, was ihrer Stufe geziemt.

O ihr einander bekämpfenden Völker und Geschlechter der Erde! Wendet euer Angesicht der Einheit zu und laßt den Glanz ihres Lichtes auf euch scheinen. Versammelt euch und beschließt um der Sache Gottes willen, all das auszurotten, was die Quelle des Streites unter euch ist. Alsdann wird der Glanz der erhabenen Leuchte die ganze Erde umhüllen, und ihre Bewohner werden die Bürger einer Stadt werden und einen und denselben Sitz einnehmen. Dieser Unterdrückte hat seit den frühen Tagen Seines Lebens keinen anderen Wunsch als diesen gehegt und wird auch künftig keinen anderen Wunsch als diesen nähren. Die Völker der Welt, welcher Rasse oder Religion sie auch angehören mögen, leiten ihre Erkenntnis unzweifelhaft aus einer himmlischen Quelle her, und alle sind die Geschöpfe eines Gottes. Die Verschiedenheit ihrer Lebensordnungen muß den wechselnden Anforderungen und Bedürfnissen des Zeitalters zugeschrieben werden, in dem diese geoffenbart wurden. Alle, außer wenigen, die das Ergebnis menschlicher Verderbtheit sind, traten auf Gottes Geheiß in Erscheinung, und sie sind ein Abglanz Seines Willens und Seiner Absicht. Erhebt euch, ausgestattet mit der Kraft des Glaubens, und reißt die Götter eurer eitlen Einbildungen, die Zwietracht unter euch säten, in Stücke. Haltet euch an das, was euch zusammenführt und einigt. Dies ist das erhabenste Wort, das das Mutterbuch auf euch herabgesandt und euch geoffenbart hat. Das bezeugt die Zunge der Größe aus ihrer Wohnung der Herrlichkeit.

In dem Wunsche, die Vorbedingungen für den Frieden und die Ruhe der Welt und für den Fortschritt ihrer Völker zu offenbaren, hat das Erhabene Wesen geschrieben: Die Zeit muß kommen, da die gebieterische Notwendigkeit zur Abhaltung einer ausgedehnten und allumfassenden Versammlung der Menschen universal erkannt wird. Die Herrscher und Könige der Erde müssen ihr unbedingt beiwohnen und, an ihren Beratungen teilnehmend, solche Wege und Mittel erwägen, die den Grund zum Größten Weltfrieden unter den Menschen legen. Ein solcher Friede erfordert, um der Ruhe der Völker der Erde willen, daß die Großmächte sich zu völliger Versöhnung untereinander entschließen. Sollte ein König die Waffen gegen einen anderen ergreifen, so müssen sich alle vereint erheben und ihn daran hindern. Wenn dies geschieht, benötigen die Nationen der Welt nicht länger irgendeine Bewaffnung, es sei denn zur Wahrung der Sicherheit ihrer Reiche und der inneren Ordnung in ihren Gebieten. Das wird den Frieden und die Ruhe jedes Volkes, jeder Regierung und Nation verbürgen. Wir hoffen sehr, daß die Könige und Herrscher der Erde, die Spiegel des gnädigen und allmächtigen Namens Gottes, diese Stufe erreichen und die Menschheit vor dem Angriff der Gewaltherrschaft beschirmen mögen. ... Der Tag ist nahe, da alle Völker der Welt eine universale Sprache und eine gemeinsame Schrift annehmen werden. Wenn dies erreicht wird, ist es für jedermann, welche Stadt er auch bereisen mag, als betrete er sein eigenes Haus. Diese Dinge sind verbindlich und durchaus wesentlich. Es ist die Pflicht eines jeden Einsichtigen und Verständigen, danach zu streben, das hier Niedergeschriebene in die Wirklichkeit und in die Tat umzusetzen... Wer sich heute dem Dienst an der ganzen menschlichen Rasse hingibt, der ist wirklich ein Mensch. Das Erhabene Wesen spricht: Gesegnet und glücklich ist, wer sich erhebt, um dem Wohl der Völker und Geschlechter der Erde zu dienen. An anderer Stelle hat Er verkündet: Es rühme sich nicht der, der sein Vaterland liebt, sondern der, der die ganze Welt liebt. Die Erde ist nur *eine* Heimat und die Menschheit ihre Bürger.

Der allwissende Arzt legt Seinen Finger an den Puls der Menschheit. Er erkennt die Krankheit und verschreibt in Seiner unfehlbaren Weisheit das Heilmittel. Jedes Zeitalter hat seine eigenen Probleme, jede Seele ihre besondere Sehnsucht. Das Heilmittel, das die Welt in ihren gegenwärtigen Nöten braucht, kann nicht das gleiche sein, das ein späteres Zeitalter erfordern wird. Beachtet genau die Nöte eures Zeitalters und legt den Schwerpunkt eurer Überlegungen auf seine Bedürfnisse und Forderungen.

Wir sehen, wie die ganze menschliche Rasse von großen, unberechenbaren Nöten umgeben ist. Wir fühlen, wie sie auf ihrem Krankenbett dahinsiecht, schmerzlich geprüft und ernüchtert. Jene, die von Eigendünkel trunken sind, haben sich zwischen sie und den göttlichen unfehlbaren Arzt gedrängt. Bezeuge, wie sie alle Menschen, sich selbst mit eingeschlossen, in das Netzwerk ihrer List verstrickt haben. Sie können weder die Ursache der Krankheit entdecken, noch kennen sie irgendein Heilmittel. Sie denken, das Gerade sei krumm, und bilden sich ein, ihr Freund sei ihr Feind.

Neigt euer Ohr der süßen Weise dieses Gefangenen. Steht auf und erhebt eure Stimme, damit die fest Schlafenden erwachen mögen. Sprecht: O ihr, die ihr wie tot seid! Die Hand göttlicher Freigebigkeit reicht euch das Wasser des Lebens. Beeilt euch und trinkt zur Genüge. Wer an diesem Tag wiedergeboren wird, soll niemals sterben; wer tot bleibt, soll niemals leben.

O Völker der Erde! Gott, die ewige Wahrheit, ist Mein Zeuge, daß die Süße der Worte eures Herrn, des Unbezwungenen, Bäche frischen und sanftfließenden Wassers aus den Felsen quellen ließ — dennoch schlummert ihr. Werft von euch, was ihr besitzt, und erhebt euch auf den Flügeln der Loslösung über alles Erschaffene! So gebietet euch der Herr der Schöpfung, der mit der Bewegung Seiner Feder die Seele der Menschheit in Wallung gebracht hat.

Wißt ihr, aus welchen Höhen euer Herr, der Allherrliche, ruft? Glaubt ihr, die Feder erkannt zu haben, womit euer Herr, der Herr aller Namen, euch befiehlt? Nein, bei Meinem Leben! Wenn ihr es wüßtet, würdet ihr der Welt entsagen und mit ganzem Herzen zum Vielgeliebten eilen. Eure Seelen wären von Seinem Wort so hingerissen, daß sie jene große Welt in Erregung versetzten — wieviel mehr diese kleine und geringe! So sind die Regengüsse Meiner Freigebigkeit zum Zeichen der Gnade vom Himmel Meiner Huld herabgeströmt, damit ihr dankbar seid . . .

Hütet euch, daß nicht Fleischeslust und böse Neigung euch entzweien! Seid wie die Finger einer Hand und die Glieder eines Körpers! So rät es euch die alles offenbarende Feder — möchtet ihr doch daran glauben!

Betrachtet die Gnade und die Gaben Gottes! Er auferlegt euch, was euch nützt, obschon Er selbst alle Geschöpfe entbehren kann. Eure bösen Werke können Uns niemals schaden, noch eure guten Uns nützen. Allein um Gottes willen ermahnen Wir euch. Jeder Klarsehende und Einsichtige wird dies bezeugen.

Das Gleichgewicht der Welt schwankt infolge der ausstrahlenden Schwingungen dieser größten und neuen Weltordnung. Die Lebensweise der Menschheit ist in Aufruhr geraten durch das Wirken dieses einzigartigen und wundersamen Planes, desgleichen menschliche Augen noch nie geschaut haben.

Versenkt euch in das Meer Meiner Worte, damit ihr seine Geheimnisse ergründen und die Perlen der Weisheit entdecken möget, die in seinen Tiefen schlummern! Hütet euch, in eurem Entschluß wankend zu werden und die Wahrheit dieser Sache nicht anzunehmen – einer Sache, welche die Möglichkeiten der Macht Gottes enthüllt und Seine höchste Herrschaft errichtet hat! Eilt freudestrahlend zu Ihm! Dies ist der unveränderliche Glaube Gottes, ewig in der Vergangenheit, ewig in der Zukunft. Laßt den, der sucht, zu Ihm gelangen! Wenn Ihn aber jemand zu suchen verschmäht, so genügt sich wahrlich Gott selbst, und Er ist über jede Abhängigkeit von Seinen Geschöpfen erhaben.

Sprecht: Dies ist die untrügliche Waage, die Gott in Händen hält, worauf alle, die im Himmel und auf Erden sind, gewogen werden und ihr Schicksal bestimmt wird – möchtet ihr zu denen gehören, die glauben und diese Wahrheit erkennen! Sprecht: Sie hat die Armen bereichert, die Gelehrten erleuchtet und den Suchern den Weg gewiesen, zur Gegenwart Gottes aufzusteigen. Hütet euch, sie zur Ursache des Zankes unter euch zu machen! Steht fest wie ein unverrückbarer Berg in der Sache eures Herrn, des Mächtigen, des Liebenden!

O ihr Völker der Welt! Wißt, daß Meine Gebote die Lampen Meiner liebevollen Vorsehung unter Meinen Dienern und die Schlüssel Meines Erbarmens für Meine Geschöpfe sind. So wurde es aus dem Himmel des Willens eures Herrn, des Herrn der Offenbarung, herabgesandt. Könnte ein Mensch die Süße der Worte kosten, welche die Lippen des Allbarmherzigen zu künden beliebten, so würde er, und wären die Schätze der Erde in seinem Besitz, ihnen gänzlich entsagen, damit er die Wahrheit auch nur *eines* Seiner Gebote, die über dem Tagesanbruch Seiner gütigen Fürsorge und liebevollen Zuneigung leuchten, rechtfertigte.

In Meinen Gesetzen könnt ihr den süßen Duft Meines Gewandes wahrnehmen, und mit ihrer Hilfe werden die Banner des Sieges auf den höchsten Bergesgipfeln errichtet werden. Die Zunge Meiner Kraft hat aus dem Himmel Meiner allmächtigen Herrlichkeit diese Worte an Meine Schöpfung gerichtet: ‚Befolgt Meine Gebote aus Liebe zu Meiner Schönheit!‘ Glücklich ist der Liebende, der den göttlichen Wohlgeruch seines Meistgeliebten aus diesen mit einem solchen Gnadenduft ausgestatteten Worten eingeatmet hat – einen Duft, den keine Zunge schildern kann. Bei Meinem Leben! Wer den erlesenen Wein der Reinheit aus den Händen Meiner gütigen Gewogenheit getrunken hat, wird Meine über dem Tagesanbruch Meiner Schöpfung leuchtenden Gebote umkreisen.

Glaubt nicht, daß Wir euch ein bloßes Gesetzbuch offenbarten. Nein, Wir haben vielmehr den erlesenen Wein mit den Fingern der Macht und Kraft entsiegelt. Dafür zeugt, was die Feder der Offenbarung enthüllte. Denkt darüber nach, o ihr mit Einsicht Begabten! ...

Wenn Meine Gesetze wie die Sonne am Himmel Meiner Äußerung erscheinen, müssen sie von allen gewissenhaft befolgt werden, auch wenn Mein Gebot so ist, daß es den Himmel jeder Religion auseinanderspaltet. Er tut, was Ihm gefällt. Er wählt, und niemand kann Seine Wahl in Frage stellen. Was Er, der Vielgeliebte, verordnet, das ist wahrlich geliebt. Das bezeugt Mir Der, der der Herr aller Schöpfung ist. Wer den zarten Wohlgeruch des Allerbarmers eingeatmet und den Ursprung dieser Äußerung erkannt hat, wird bereitwillig die Pfeile der Feinde willkommen heißen, damit er so die Wahrheit der Gesetze Gottes unter den Menschen begründe. Wohl ist es um den bestellt, der sich ihnen zugewandt und den Sinn dieses entschiedenen Gebotes erfaßt hat.

Dies ist der Tag, an dem Gottes erhabenste Segnungen den Menschen zugeströmt sind, der Tag, an dem sich Seine größte Gnade über alles Erschaffene ergossen hat. Allen Völkern der Welt obliegt es, ihre Gegensätze auszugleichen und in vollkommener Einigkeit und in Frieden unter dem Schatten des Baumes Seiner Hut und Güte zu verweilen. Es geziemt ihnen, sich an das zu halten, was an diesem Tag der Erhöhung ihrer Stufe und der Förderung ihres eigenen Besten dienen kann. Glücklich die, zu deren Gedächtnis die allherrliche Feder sich bewegt hat, und gesegnet, wessen Namen Wir nach Unserem unerforschlichen Ratschluß zu verschweigen beliebten.

Bitte den einen, wahren Gott, daß Er allen Menschen gnädig beistehe, damit sie das erfüllen, was Unsere Augen billigen können. Bald wird die heutige Ordnung aufgerollt und eine neue an ihrer Statt entfaltet werden. Wahrlich, dein Herr spricht die Wahrheit, und Er weiß um das Ungeschaute.

QUELLENVERZEICHNIS

Abkürzungen

Aq	Kitáb-i-Aqdas, das Heiligste Buch
BSW	Brief an den Sohn des Wolfes (Bahá'í-Verlag GmbH, Frankfurt am Main 1966)
Äh	Ährenlese aus den Schriften Bahá'u'lláhs (Bahá'í-Verlag GmbH, Frankfurt am Main 1956)
VT	Der verheißene Tag ist gekommen (Bahá'í-Verlag GmbH, Frankfurt am Main 1967)
SM	Súriy-i-Mulúk (Tablet an die Könige, zit. in verschiedenen Werken)
KV	Tablet (Sendschreiben) an Königin Viktoria

Seite

5	Auszug aus dem Bericht des Orientalisten Prof. E. G. Browne mit den Worten, die Bahá'u'lláh bei seinem Besuch in Bahjí 1890 an ihn richtete. (Vgl. Browne, A Traveller's Narrative, Einleitung S. XL, Cambridge University Press 1891)
19	Aq zit. aus VT S. 50—52
21	Der ganze folgende Abschnitt ist der Súriy-i-Mulúk entnommen: 1. Absatz zit. aus VT S. 45—46; die nächsten 6 Absätze VT S. 47—49; der letzte Absatz VT S. 50
25	„O Könige der Erde"; KV zit. aus VT S. 53
26	zit. aus Äh CII
31	Tablet an Napoleon III. zit. aus BSW S. 53—61
39	Tablet an Zar Alexander II. zit. aus VT S. 61—63
45	Tablet an Königin Viktoria zit. aus VT S. 64—66
51	An Kaiser Wilhelm I.; Aq zit. aus VT S. 66
55	An Kaiser Franz Joseph; Aq zit. aus VT S. 67
59	Tablet an Sulṭán 'Abdu'l-'Azíz; SM zit. aus Äh CXIV
69	Tablet an Náṣiri'd-Dín Sháh zit. aus VT S. 71–74
75	An die Führer Amerikas; Aq zit. aus Citadel of Faith S. 18

Seite	
79	KV zit. aus Äh CXX
85	Aq zit. aus Äh XCVIII
86	„O Schar der Geistlichen“ u. die nächsten 4 Abschnitte zit. aus VT 129—132
90	4 Abschnitte zit. aus VT S. 168 f.
91	letzter Abschnitt zit. aus VT S. 128
95	Tablet an Papst Pius IX. zit. aus VT S. 58—61
99	zit. aus VT S. 121
101	Karmel-Tablet; zit. aus Äh XI
	„Das größte Gesetz ist gekommen“ u. die nächsten 2 Abschnitte zit. aus VT S. 121 f.
102	„O Schar der Christen!“ u. nächster Abschnitt zit. aus VT S. 161 f.
104	An Patriarchen, Erzbischöfe und Bischöfe; 3 Abschnitte; zit. aus VT S. 155 f.
105	„O Schar der Priester“; 2 Abschnitte; zit. aus VT S. 156
106	„O Schar der Mönche“; Tablet an Napoleon III. zit. aus VT S. 156 f.
107	„O Schar der Mönche“; zit. aus VT 157 f.
108	„Bedenkt gleicherweise“; zit. aus VT S. 158
	„Lest ihr das Evangelium“; zit. aus VT S. 158
109	zit. aus Äh XVIII, 4. Absatz
110	zit. aus Äh XVII
112	„O Schar persischer Geistlicher!“; zit. aus VT S. 138 f.
	„O ihr Geistlichen der Stadt!“; SM zit. aus VT S. 139 f.
114	„Um euretwillen klagte ...“; zit. aus VT S. 138
	„Von allen Völkern der Welt ...“; zit. aus VT S. 137
115	„An diesem Tag ...“; zit. aus VT S. 137
	„O Schar der Geistlichen!“; zit. aus VT S. 137
	„O Hohepriester!“; zit. aus VT S. 122
116	„Was immer ...“ und „Dies ist nicht der Tag“; zit. aus VT S. 122 f.
117	zit. aus VT S. 123
121	„Die den Völkern ...“; zit. aus Äh X
	„Wahrlich, Ich sage ...“; zit. aus Äh VII
122	„O ihr Menschenkinder!“; zit. aus Äh CX
123	„O ihr einander ...“; zit. aus Äh CXI
124	„In dem Wunsche ...“; zit. aus Äh CXVII
126	„Der allwissende Arzt ...“; zit. aus Äh CVI
	„O Völker der Erde ...“; Aq zit. aus Äh LXXII
127	„Das Gleichgewicht ...“; Aq zit. aus Äh LXX
128	„O ihr Völker der Welt!“; Aq zit. aus Äh CLV
130	„Dies ist der Tag ...“; zit. aus Äh IV